Inhalt

Vorwort

Das vorliegende Büchlein ist zum größeren Teil aus Vorträgen entstanden, die ich zwischen 1990 und 2000 für das Katholische Bildungswerk Ostfriesland auf den Inseln Borkum, Juist, Norderney, Langeoog, Spiekeroog und einigen Küstenorten gehalten habe. Die Vortragstexte sind nur geringfügig überarbeitet und haben ihren Redestil behalten. Jeder einzelne kann somit unabhängig von allen anderen gelesen werden. Gleichwohl bauen sie aufeinander auf:

Im ersten Beitrag wird der Jenseitsgedanke von der Physik her entfaltet und auf die Unvergänglichkeit des Ich angewandt. Der zweite Beitrag konkretisiert die Jenseitsbezogenheit des Menschen an Fragen der sogenannten Nahtod-Erfahrungen, der dritte grenzt sie gegen eine physikalistisch-technizistische Interpretation seitens des Kosmologen Frank Tipler ab.

Jenseitshoffnung und Auferstehungsglaube stellen nicht – wie etwa platonische Philosophie – die Seele des Menschen als der Natur fremdes, dort gefangengehaltenes Etwas dar. Das Unvergängliche im Menschen wächst aus der Natur heraus, ist schöpfungsmäßig in der Evolution vorbereitet und mündet im individuellen Jenseitsbezug. Im vierten Beitrag wird das am Beispiel von Hören, Dialog und Zärtlichkeit erläutert, im letzten Kapitel – in Gegenüberstellung zum „babylonischen", esoterischen Denken – noch einmal allgemein zusammengefasst.

Eine systematische Ausarbeitung der in den beiden ersten Vorträgen dargelegten Gedanken findet sich in meinen Büchern „Die Physik und das Jenseits" (Pattloch 1998) und „Ich war tot.' Ein Naturwissenschaftler untersucht Nahtod-Erfahrungen" (Pattloch 1999) und sei als Vertiefung empfohlen.

Bruno Kern vom Matthias-Grünewald-Verlag hat die Initiative zu dieser Veröffentlichung ergriffen, die Texte ausgewählt und zusammengestellt. Ihm sei herzlich gedankt.

Bochum, im Januar 2000   *Günter Ewald*

Die Physik und das Jenseits

In einem von Wilhelm Gräb herausgegebenen Buch „Urknall oder Schöpfung" (1995) bezeichnet der Theologe Christian Link die heute weitgehend verdrängte Erkenntnis, „dass auch der Tod, das Sterben zur guten Schöpfung Gottes gehört", als große theologische Herausforderung und fasst die Entgegensetzung von biblischem Schöpfungsverständnis und einer der biologischen Endlichkeit preisgegebenen Natur in dem Satz zusammen: „Die Natur verliert ihre Toten, die Schöpfung verliert sie nicht."[1]

Ich will mich im Folgenden mit diesem Satz auseinandersetzen.

Die Frage, ob der Tod das letzte Wort über den Menschen hat, ist eine Grundfrage jeder Religion, nicht nur der christlichen. Es ist die Frage nach dem Jenseits, das hinter der Todesschwelle beginnt und ein auf der Erde gelebtes Leben fortsetzt oder in ein Meer des geistigen Seins einfließen lässt. Ein Muslim, der sich zu einem Selbstmordkommando meldet, beantwortet die Frage auf eine Weise, ein Buddhist, der auf den Eingang ins Nirwana hin meditiert, auf eine andere. Im Christentum ist die Jenseitshoffnung über anderthalb Jahrtausende hinweg fester Bestandteil von Glauben und Lebensausrichtung gewesen, um dann langsam und immer stärker in Verruf zu geraten – für die innere Entwicklung einer Weltreligion ein erstaunlicher Prozess. Heute ist der Begriff „das Jenseits" zu einem negativ besetzten Wort der Vulgärspra-

---

1 Link, Ch., „Im Anfang …" Aufgabe und Ansatz einer Schöpfungslehre heute, in: Gräb, W. (Hg.), (1995).

che geworden, „ins Jenseits befördern" zu einem zynischen Ausdruck für Mord.

Dabei ist das Verschwinden des Jenseits nicht nur eine Folge aufklärerischer Naturwissenschaft, die keinen Platz mehr lässt für eine jenseitige Welt. Vielmehr stellt es eine Reaktion auf den Missbrauch dar, der mit christlicher Jenseitshoffnung getrieben wurde: Man vertröstete auf das Jenseits, wo man die Verhältnisse hätte ändern sollen. Religion wurde, wie Marx es ausdrückte, zum „Opium des Volkes", zu einem Angebot von Schmerztabletten seitens der Geistlichkeit, die nichts von einer Operation am Leib der Gesellschaft wissen wollte.

Allerdings nimmt die Verflechtung von Kirche und weltlicher Macht immer mehr ab, und es tritt so die gesellschaftspolitisch motivierte Ablehnung der „Jenseiterei" (Ernst Bloch) in den Hintergrund. Die religiöse Frage, ob der Tod das letzte Wort über unser Leben hat, stellt sich wieder unmittelbar, beispielsweise in der Form: Gibt es nur die Hoffnung auf eine bessere Gesellschaft, oder gibt es eine Hoffnung für jeden einzelnen Menschen, insbesondere den, dessen Leben in Gewalt oder schlechthin unerfüllt endet? Das Spektrum von angebotenen Antworten ist groß: Sekten, Ufologie, Esoterik, New Age. Auch eine so genannte „holistische" Physik gibt es. Sie möchte das trennende Denken überwinden, wie es sich seit René Descartes in der abendländischen Geistesgeschichte etabliert hat, und bietet eine neue, ganzheitliche, sinngebende Wissenschaft an.

Wir wollen hier versuchen, auf dem Boden der Physik und der Naturwissenschaften, wie sie an unseren Universitäten gelehrt werden, die Frage nach Religion und Jenseits aufzurollen. Man kann die Frage stellen, ob sich die Physik – sie steht für jede mathematisierbare Naturwissenschaft – nicht aus weltanschaulichen Diskussionen heraushalten sollte, da es sonst leicht zu einem methodischen Kuddelmuddel kommt, der von der Exaktheit naturwissenschaftlichen Denkens wegführt. Das ist zwar ein vertretbarer Standpunkt; er liegt allerdings neben der Wirklichkeit: Physiker halten sich nicht aus weltanschaulichen Diskussionen heraus. Es gibt kaum einen namhaften Naturwissenschaftler, der nicht zur Gesamtbedeutung seiner Wissenschaft für unser Verständnis von Welt und Mensch Stellung nimmt; in der Gegenwart etwa Steven Weinberg, Stephen Hawking, Roger Penrose, Ilya Prigogine oder Manfred Eigen. Das ist auch ganz gut so, wird dadurch doch die Herausforderung an Theologie und Philosophie immer stärker, sich den Grenzfragen von Naturwissenschaft und Religion zu stellen.

Allerdings ist auf eine saubere Unterscheidung von physikalischen Sätzen, Hypothesen und weltanschaulich oder religiös begründeten Aussagen zu achten. Es erscheint daher angebracht, einige Bemerkungen über den Begriff „Physik" vorauszuschicken. Gelegentlich wird Physik als die Summe von Naturgesetzen betrachtet, die mathematisch formuliert und durch Experiment oder Beobachtung bestätigt worden sind. Das ist, wie ich meine, eine zu enge Definition von Physik und wird dem nicht voll gerecht, was Physiker wirklich betreiben. Physik als Teil der Naturforschung umfasst dreierlei:

1. Die Ausarbeitung mathematischer Formeln zwecks Beschreibung von Naturvorgängen. Dabei muss man sich vor Augen halten, dass Gesetze nur „Wenn-dann"-Beziehungen darstellen, Abstraktionen, die für die gleichen Anfangsbedingungen die gleichen Abläufe vorhersagen. Davon zu unterscheiden ist ein Zweites, mit dem Physik zu tun hat:

2. Anwendung von Naturgesetzen auf faktische Naturabläufe. Physikalische Experimente und Beobachtungen

sind nicht nur Überprüfung von mathematisch formulierten Naturgesetzen. Sie historisieren vielmehr die Gesetze, sie nehmen die Gesetze in die Einmaligkeit jedes Naturgeschehens hinein. Jeder Laborversuch ist ebenso ein Stück einmaliger Naturgeschichte wie eine beobachtete Supernova-Explosion oder das Schlüpfen eines Kükens aus einem Ei. Ein Naturgesetz kann nur angewandt werden, wenn die „Anfangsbedingungen", die es voraussetzt, auch erfüllt sind. Zwar kann man Anfangsbedingungen oft als Ergebnis anderer gesetzlicher Prozesse verstehen, aber das befreit sie nicht von der Notwendigkeit, wirklich irgendwo erfüllt zu sein. Dabei ist zu beachten, dass etwa die Größen der Lichtgeschwindigkeit, der Elektronenladung oder der Gravitationskonstante selbst universale Anfangsbedingungen sind, die – mindestens bisher – nicht naturgesetzlich abgeleitet werden können, sondern rätselhaft gut in die Anwendung von Naturgesetzen hineinpassen.

3. Physik ist keine statische Gegebenheit, sondern ein Prozess der Forschung. Die Personen, die sie betreiben, sind ihrerseits Teil der Naturgeschichte. Die Ideen, die sie entwickeln, sind oft von scheinbar selbstverständlichen Voraussetzungen geprägt, Paradigmen, wie man auch sagt. Neue Erkenntnisse setzen oft den Ausbruch aus Tabus voraus, die unbemerkt in einer kulturell-geistigen Tradition gewachsen sind. Man kann das am Übergang vom geozentrischen zum heliozentrischen Weltbild studieren oder an Einsteins Entdeckung von Zeitverzerrung und Raumkrümmung. Das soll nicht heißen, dass Physik immer nur relativ zu bestimmten Paradigmen richtig ist. Wenn ein Durchbruch erzielt ist, lässt er sich rational weitervermitteln und wird von einem shintoistisch orientierten Japaner ebenso akzeptiert wie von einem Christen oder Agnostiker. Aber wir wissen nicht, welche Durchbrüche

uns noch bevorstehen. Wenn der augenblickliche Stand der Wissenschaft als letzte Weisheit ausgegeben wird, als endgültiger Befund dessen, was Natur und Kosmos ausmachen, bedeutet das Ideologie und nicht mehr Naturwissenschaft.

Trotz aller spektakulären Erfolge, die erreicht wurden, hat Physik möglicherweise erst an der Oberfläche alles Wirklichen leicht gekratzt. Der Traum von einer alles erklärenden Weltformel, wie er bei Hawking oder Weinberg gelegentlich zum Ausdruck kommt, ist irreführend.

Gerade der dritte Punkt zum Begriff „Physik" ist für den Dialog zwischen Physik und Theologie beachtenswert. Nicht nur sollte Theologie, wie es der Theologe Wolfhart Pannenberg ausdrückt, „die Grundbegriffe, Verfahren und Ergebnisse der Naturwissenschaften beim Reden von Gott so [...] berücksichtigen, dass die naturwissenschaftliche Weltbeschreibung als eine besondere Zugangsweise zur Schöpfungswirklichkeit der Welt verstanden werden kann"[2]. Sie kann auch bei der Suche nach neuen Erkenntnisrichtungen, bei der Enttabuisierung von scheinbar unantastbaren Weltvorstellungen der Physik von Nutzen sein.

Nach diesen methodischen Vorbemerkungen will ich zur Sache selbst kommen und eine These aufstellen, die ich dann begründen möchte. Die anfangs zitierte Aussage „Die Natur verliert ihre Toten, die Schöpfung verliert sie nicht" kann angezweifelt werden. Verliert die Natur wirklich ihre Toten? Die Antwort erscheint nicht selbstverständlich. Denn zunächst muss einmal erklärt werden, was „Natur" bedeutet. Der Begriff ist nicht von vornherein festgelegt und ist starken Wandlungen unterworfen.

2 Pannenberg, W., Das Wirken Gottes und die Dynamik des Naturgeschehens, in: Gräb (Hg.), (1995), 140.

Versteht man unter „Natur" den mit unseren Sinnen erfassbaren Erfahrungsraum, dann endet in der Tat menschliches Leben mit dem biologischen Tod, geht die lebendige Gestalt des Einzelmenschen „der Natur verloren". Zwar bleiben Erinnerung und Weiterwirken des Lebenswerkes, vielleicht in Form musikalischer Schöpfung oder wissenschaftlicher Ergebnisse. Aber auch diese Wirkungen enden letztlich, wenn nach einigen Milliarden Jahren die Sonne zu einem roten Riesen wird und den Planeten Erde verschluckt. (Von einer Ansiedlung der Menschheit auf Weltrauminseln will ich hier nicht sprechen.)

Ich behaupte aber: Ein erweitertes Naturverständnis, in dem jedes menschliche Individuum fortbesteht, ist im Rahmen naturwissenschaftlichen Denkens möglich und sinnvoll. Es gibt Anzeichen dafür, dass ein erweiterter Kosmosbegriff als methodisches Instrument für die Naturwissenschaft von Belang wird. Ob man dann von einer Verjenseitigung des Diesseits oder einer Verdiesseitigung des Jenseits spricht, ist eine terminologische Frage.

Meine Behauptung beinhaltet nicht die Erwartung, dass sich die Sphäre des Religiösen in Physik auflösen wird. Sie rückt lediglich einige Aspekte des Religiösen dichter an unser rational-wissenschaftliches Naturverständnis heran. Natur und „Schöpfung" in theologischem Sinn überlappen sich möglicherweise mehr, als es bisheriges Denken nahelegt.

Ich möchte meine These auf drei Pfeiler gründen.

Der erste ist das sogenannte „starke anthropische Prinzip". Es wurde 1973 von dem britischen Physiker Brandon Carter wie folgt formuliert:

„Das Universum muss in seinen Gesetzen und in seinem speziellen Aufbau so beschaffen sein, dass es irgendwann unweigerlich einen Beobachter hervorbringt."[3]

Mit „Beobachter" ist hier ein intelligentes Wesen gemeint, das über die Natur und den Sinn allen Naturgeschehens reflektiert. Das braucht nicht ein Mensch (griechisch: ánthropos) auf der Erde zu sein. Es kann sich um eine geistbegabte Kreatur auf einem Planeten einer fernen Galaxie handeln. Es ist ja denkbar und sogar wahrscheinlich, dass es viele, vielleicht Milliarden belebte und bewohnte Himmelskörper gibt. Insofern ist also das starke anthropische Prinzip kein Rückfall hinter Kopernikus und bedeutet kein neues geozentrisches Weltbild.

Zunächst fragt das anthropische Prinzip (als „schwaches anthropisches Prinzip") nach den Bedingungen, die erfüllt sein müssen, damit im Kosmos Leben überhaupt möglich – wenn auch nicht mit Notwendigkeit hervorgetreten – ist. Bei der Untersuchung dieser Bedingungen ist man auf erstaunliche Feststellungen gestoßen. Ich will vier Beispiele herausgreifen.

1. Dass es nachts dunkel wird, ist ein rätselhaftes Phänomen, das die Astronomen schon seit fast 300 Jahren beschäftigt hat. Aufgrund der Leuchtintensität aller Sterne, auch der mit bloßem Auge nicht sichtbaren, so hat man berechnet, müsste der Nachthimmel hell sein. Eine Erklärung hat man erst in unserem Jahrhundert gefunden, und zwar mithilfe der kosmischen Expansion. Dass sich unser Weltall als eine Art dreidimensionaler Ballon mit großer Geschwindigkeit nach dem Slipher-Hubble-Gesetz ausdehnt, ist nicht nur für sich genommen ein beachtenswertes Phänomen. Ohne dieses Phänomen würden sich alle Planeten auf mindestens 6000 Grad aufheizen und wäre Leben – nach unserer Kenntnis materieller Bedingungen – nicht möglich.

3 Zit. nach Breuer, R. (1984), 24.

Der Expansionsgeschwindigkeit des Kosmos sind dabei sogar enge Grenzen gesetzt. Wäre sie eine Sekunde nach dem Urknall nur ein Billionstel geringer gewesen als sie war, dann hätte sich das Universum schon nach 50 Millionen Jahren wieder zusammengezogen und wäre kollabiert. Umgekehrt wäre es bei einer zu schnellen Ausdehnung des Weltalls überhaupt nicht zur Bildung von Galaxien gekommen. Die Expansion würde, so der Münchener Astrophysiker Reinhard Breuer, „die Materie auseinandertreiben, so wie ein starker Wind den Nebel zerstreut, bevor sich Wolken bilden"[4].

2. Ein zweiter Bereich sind die sogenannten „Feinstrukturkonstanten". Sie geben die Stärke der Gravitation, der elektromagnetischen Kraft, der schwachen Kernkraft und der starken Kernkraft an. Sie drücken Anfangsbedingungen aus, nicht Gesetze; sie sind schlechthin in der Geschichte unseres Kosmos vorgegebene Größen. Das anthropische Prinzip ist insgesamt eine Vertiefung der Frage, inwiefern Gesetze auf die konkrete kosmische Geschichte anwendbar sind, insbesondere auf die Geschichte alles Lebendigen.

Wären die Werte der Feinstrukturkonstanten geringfügig anders als sie sind, gäbe es kein Leben im Kosmos und somit keinen ánthropos, der über das Weltgeschehen nachdenkt.

3. Als drittes Beispiel für die Voraussetzungen biologischen Lebens seien die Eigenschaften des sicherlich exotischsten Stoffes in der Natur genannt, die des Wassers. Dass Wasser bei 4 Grad Celsius seine größte Dichte hat und so das Leben von Fischen unter der Eisdecke gestattet, dass Wasser Kapillaren bildet, die in Bäumen über Dutzende von Metern hochsteigen, und vieles andere beruht auf

4 Breuer, aaO. 122.

der Tatsache, dass die beiden Wasserstoffatome in einem Wassermolekül H_2O bezüglich des Sauerstoffatoms nicht genau gegenüberliegen, sondern in einem Winkel von 104,5 Grad. Der Winkel dürfte weder 103 Grad noch 106 Grad betragen, da dann das Wasser nicht mehr die für biologisches Leben notwendigen Eigenschaften besäße.

4. Schließlich seien die Existenz und die Quantität der Stoffe genannt, die biologisches Leben voraussetzt: Sauerstoff, Kohlenstoff, Chlor, Metalle und viele andere. Dass sie überhaupt vorhanden sind, ist Ergebnis einer sogenannten kosmischen Evolution: Bei der Zusammenballung kosmischer Materie bilden sich unter anderem Riesensterne mit mindestens zehnfacher Sonnenmasse. Infolge der Gravitation ziehen sie sich zusammen und erwärmen sich. Bei etwa 30 Millionen Grad zündet die erste Kernreaktion und verbrennt Wasserstoff zu Helium – ein Prozess, der in den irdischen Wasserstoffbomben unrühmlich nachgeahmt wird. Der Stern zieht sich weiter zusammen, bis in einer zweiten Stufe der Kernfusion Helium zu Kohlenstoff wird. So geht es weiter: Kohlenstoff verbrennt atomar zu Sauerstoff, dieser zu Silizium und schließlich, bei vier Millionen Grad, Silizium zu Eisen, Nickel, Kobalt und anderen Metallen. Dann ist der dramatische Höhepunkt erreicht, und es geschieht das, was heute noch gelegentlich beobachtet wird und Astronomen immer wieder in Aufregung versetzt: Der Stern explodiert und schleudert seine Materie mit etwa zehntausend Kilometern pro Sekunde in den Weltraum – eine Supernova-Explosion. Das mit Helium, Sauerstoff, Kohlenstoff und Metallen angereicherte Material bildet zusammen mit dem Ur-Wasserstoff erneut Sterne, und das Spiel beginnt von neuem. Sozusagen nebenbei entstehen auch kleinere Sonnen wie die unsrige und Planeten. Jedes Kohlenstoffatom unseres Körpers hat vermutlich 50 bis

200 Mal eine Supernova-Explosion durchlaufen – eine bewegte Geschichte.

Man muss sich vor Augen halten, dass die Rückkoppelungsschleifen, die in den dargelegten Kreisprozessen entstehen, so gut wie nichts mit den Rückkoppelungsvorgängen in der biologischen Evolution gemein haben. Kosmische und biologische Evolution sind grundverschiedene Angelegenheiten. Während in der Biologie das Zusammenspiel von Mutation, Selektion und Rückkoppelung dazu dient, die Entstehung komplexer Strukturen aus weniger komplexen zu erklären, stellen die kosmischen Zyklen eine Art Recycling-Mechanismus dar, in dem neue Stoffe entstehen und quantitativ vermehrt werden. Dass dabei genau die richtigen Stoffe in passenden Mengen hervortreten, wie sie Leben benötigt, ist ein unerklärtes Phänomen kosmischer Geschichte.

Diese vier Beispiele – schwarzer Nachthimmel, Feinstrukturkonstanten, Eigenschaften des Wassers und „Materiallager" für biologische Evolution – mögen genügen. Die Liste ließe sich beliebig fortsetzen. Dass man für diese Phänomene keine kausale Erklärung besitzt, sondern sie nur im finalen Gedanken des starken anthropischen Prinzips bündelt, ist natürlich für viele Physiker ein Ärgernis. Deshalb versucht man, doch ohne anthropisches Prinzip auszukommen. Als einzige Alternative ist man auf eine andere Art Jenseits gestoßen als die, die Gegenstand meiner Überlegungen ist. Man denkt sich neben unserem Kosmos viele Milliarden oder unendlich viele weitere Kosmen, in denen Gesetze und Naturkonstanten variieren. Dass wir uns „zufällig" in dem Exemplar mit den richtigen Bedingungen für Leben und Geist befinden, ist kein Wunder: Wir würden sonst gar nicht darüber reden.

Diese Erklärung erinnert an den Gedanken der Universalbibliothek: Jedes Buch, das man schreibt, steht be-

reits fertig in der hypothetischen Sammlung aller Buch-
stabenkombinationen von höchstens einigen Millionen
Buchstaben. Man zieht es sozusagen aus dem Regal mög-
licher Bücher heraus. Dieser Gedanke ist nicht sehr hilf-
reich. Im Falle der Universalbibliothek hat man wenigstens einen endlichen Buchstabenvorrat und eine ab-
zählbare Menge von Büchern. Bei der Sammlung von
Universen darf man aber keinerlei Einschränkung vor-
nehmen. Man gerät in die Nähe des Begriffes „Menge aller Mengen", der mathematisch-logisch widersprüch-
lich ist. Was immerhin den beiden Erklärungen, starkes anthropisches Prinzip und parallele Welten, gemeinsam ist: Die Belebtheit unseres Universums ist nicht
aus unserem Universum heraus erklärbar. Unser Kosmos
weist über sich hinaus. Das starke anthropische Prinzip
erscheint mir dabei plausibler; es sei einer der natur-
philosophischen Pfeiler, auf denen unser Gedankengebäu-
de gründet.

Verfolgt man den Gedanken des anthropischen Prinzips noch ein Stück weiter, dann spitzt sich die Frage nach
dem Beobachter, dem *ánthropos*, zu: Nach den Progno-
sen der Astrophysik wird das Leben im Universum eines
Tages wieder erlöschen. Es mag mit kühner Weltraum-
besiedlung noch einige Milliarden Jahre erhalten bleiben,
aber irgendwann zerfallen alle Organismen zu Staub und
brechen auch die Sterne auseinander. Was aber, so kann
man fragen, soll das starke anthropische Prinzip, wenn
der mit Notwendigkeit hervorgebrachte Beobachter nur
Episode bleibt, wenn der menschliche oder menschen-
ähnliche Geist wieder kläglich verschwindet? Bleibt nicht
wenigstens ein geistiges Sein übrig, das nicht dem materiellen Verfall preisgegeben ist? Das würde dem anthropischen Prinzip schon eher gerecht als der generelle Tod
im stellaren Nichts.

Hoimar von Ditfurth, bekannter Wissenschaftsautor, bejaht diese Frage. In einem Buch „Wir sind nicht nur von dieser Welt", das er kurz vor seinem Tod geschrieben hat, versucht er, die Rede vom Jenseits naturphilosophisch zu enttabuisieren. Er plädiert ausdrücklich für eine Erweiterung der diesseitigen Wirklichkeit zu einer jenseitigen und sieht die Fortsetzung der biologischen Evolution in einer geistigen Evolution, die in eine vierte Dimension hineinführt.[5]

Im Prinzip halte ich diesen gedanklichen Ansatz für begrüßenswert, sehe aber an zwei Stellen Probleme, die Anlass zu einer Modifikation sind. Das eine ist die Räumlichkeit des Geistigen als vierte Dimension. Ich komme darauf zurück. Das andere Problem ist die Bedeutung der Evolution; darüber will ich zuerst etwas sagen.

Seit dem 19. Jahrhundert, beginnend mit Haeckels Sozialdarwinismus, werden Prinzipien der Evolutionstheorie auf die Weiterentwicklung der Menschheit übertragen, biologisch, kulturell und auch theologisch, wie etwa bei Teilhard de Chardin. Ein bedenkliches Merkmal derartiger Bemühungen ist die Tatsache, dass das Individuum, die Lebensgeschichte des einzelnen Menschen, dabei von geringer Bedeutung ist. Im Naturverständnis der Evolutionsbiologie spielt Individualität keine Rolle. Alles Bemühen der Natur betrifft Erhaltung und Höherentwicklung der Art, nicht des Individuums. Der Evolutionsbiologe Rupert Riedl drückt es in seinem Buch „Strategie der Genesis" sehr plastisch aus. Er spricht von den drei Konstrukteuren oder Baumeistern der Evolution, nämlich Mutation, Selektion und Rückkoppelung. Diese Baumeister entwerfen stets neue Pläne, fertigen neue Blaupausen des genetischen Programms an, ändern und ver-

5 Vgl. Ditfurth, H. von (1994), 233ff.

bessern dieses durch Ausprobieren an den Einzelexemplaren. „Es ist ja ihr Verfahren", so Riedl, „sämtliche ihrer Bauten, Hütten wie Kathedralen, kaum, dass der letzte Dachreiter aufgesetzt ist, wieder einzureißen, um lediglich neue Pausen oder Pläne weiterzugeben. Der Bau ist ihr Gleichnis, der Plan ist das Gesetz."[6] Die Art ist also alles, der Einzelne ist nichts.

Für die Geschichte der Evolution ist das eine Feststellung, an der wir nicht vorbei können. Die Frage ist aber, ob auch die Menschheit nur ein Durchgangsstadium der biologischen Evolution ist, ob sich der Mensch von den Tieren vornehmlich dadurch unterscheidet, dass er darum weiß, ein Probierobjekt der Evolution zu sein, Wegwerfware in der Höherentwicklung des Kosmos. Im Sinne des starken anthropischen Prinzips erscheint das nicht sehr sinnvoll. Hinzu kommt noch die schon genannte Voraussage der Astrophysiker, dass alles Leben erlöschen wird.

Deshalb stelle ich folgende These zur Diskussion: Die biologische Evolution hat im Menschen ihr Ziel erreicht. Jeder einzelne Mensch ist eine Frucht am Baum der Evolution, die im Tod vom Baum abfällt, aber im erweiterten Kosmos bestehen bleibt. Der erweitert gedachten Natur gehen ihre Toten nicht verloren.

Gibt es, so fragen wir, in der Naturwissenschaft einen Ansatzpunkt, an dem diese These plausibel wird? Den gibt es in der Tat, und an ihm soll der zweite Pfeiler verankert werden, auf dem unser Thesengebäude ruht

Der Ansatzpunkt ist die lebenslange Arbeit des Hirnforschers und Nobelpreisträgers John C. Eccles. Als dieser 94-jährig verstarb, veröffentlichte die SZ einen Nachruf unter der – wie ich meine, voreiligen – Überschrift

6 Riedl, R. (1986), 164.

„Eccles' Irrtum"[7]. Eccles hat unermüdlich, gegen einen breiten Strom von Naturwissenschaftlern schwimmend, klar zu machen versucht, dass das menschliche Gehirn nicht wirklich zu verstehen sei ohne die Annahme eines materieunabhängigen Bewusstseins. Das ist in seinem gemeinsamen Werk mit Karl Popper „Das Ich und sein Gehirn"[8] dokumentiert, ebenso wie in vielen anderen Beiträgen, etwa „Wie das Ich sein Gehirn steuert"[9]. Nach Eccles geschieht mit dem Hervortreten des Menschen in der Evolution etwas ganz Neues. Der selbstbewusste Geist, wie Eccles dieses Neue nennt, tritt als identitätsstiftende Wirkung dem materiellen Leib gegenüber. „Der selbstbewusste Geist", so Eccles, „ist aktiv damit beschäftigt, aus der Vielzahl aktiver Zentren auf der höchsten Ebene der Hirnaktivität herauszulesen [...] Der selbstbewusste Geist selektiert aus diesen Zentren gemäß der Aufmerksamkeit und integriert von Augenblick zu Augenblick seine Wahl, um auch den flüchtigsten Erfahrungen eine Einheit zu verleihen [...] So schlagen wir vor, dass der selbstbewusste Geist eine überlegene interpretierende und kontrollierende Rolle auf die neuronalen Ereignisse ausübt."[10]

Eccles fragt dann: Was geschieht im Tod? Seine Antwort: „Dann steht die zerebrale Aktivität für immer still. Der selbstbewusste Geist findet nun, dass das Gehirn, das er abgetastet und sondiert und so erfolgreich während eines langen Lebens kontrolliert hat, überhaupt keine Meldung mehr gibt. Was dann geschieht, ist die letzte Frage."[11] Auch wenn wir keine Antwort auf diese Frage besitzen und

7 Süddt. Zeitung, Nachruf auf C. Eccles, 6.5.1997, 18.
8 Vgl. Popper, K.R./ Eccles, J.C. (1996).
9 Vgl. Eccles, J.C. (1996).
10 Popper/Eccles, aaO. 436.
11 AaO. 448.

wissenschaftlich vermutlich nie besitzen werden, bleibt doch in Eccles' Hypothese die Feststellung, dass die koordinierende, selbstbewusste Instanz, das Ich, die zusammenbindende Ganzheit des individuellen Menschen, im Tod bestehen bleibt. Unbefriedigend an Eccles' Darstellung ist, dass dieses Ich rein geistiger Natur ist, unabhängig von materiellem Sein und doch in Wechselwirkung mit Materie. Man kann das als dualistisches Postulat einfach stehen lassen und nicht weiter hinterfragen. Man kann aber auch, und dazu neige ich, die Frage des Verhältnisses von Geist und und Materie noch einmal insgesamt aufrollen und die Veränderungen beachten, die die Quantenphysik mit sich gebracht hat. Dann ergibt sich ein etwas anderes Bild der ecclesschen Theorie.

Zu diesem Zweck will ich kurz auf eine neue Entwicklung in der Quantentheorie eingehen, die den Umbruch im Naturverständnis, wie ihn die Quantentheorie mit sich gebracht hat, noch einmal intensiviert. Die Anfänge dieser Theorie reichen schon in die zwanziger Jahre zurück. Ursprünglich von dem deutschen Physiker Kaluza und dem schwedischen Physiker Klein angeregt, hat sich Einstein in seinen letzten Lebensjahren, wenn auch ohne sichtbaren Erfolg, intensiv damit befasst. Es war Teil seiner Suche nach einer einheitlichen Feldtheorie, nach einer Verschmelzung von Relativitätstheorie und Quantenphysik.

Der Grundgedanke setzt wieder den Bruch eines Tabus voraus, nämlich den der Dreidimensionalität des physikalischen Raumes. Man kann dieses Tabu brechen, ohne mit der Sinneswahrnehmung in Widerspruch zu geraten. Man denke sich jeden physikalischen Punkt durch eine winzige Schleife ersetzt, deren Größenordnung weit unter der eines Elektronendurchmessers liegt und damit unter der Wahrnehmungsschwelle unserer Sinne. Eine eindimensionale Gerade wird dann zu einem hauchdünnen

Röhrchen mit zweidimensionaler Oberfläche, und der dreidimensionale Raum zu einem vierdimensionalen Gebilde, bei dem die vierte Dimension nur sehr gering entwickelt ist. In den letzten anderthalb Jahrzehnten hat man herausgefunden, dass das Bemühen nach einer Vereinigung der Grundkräfte und damit der Verwirklichung von Einsteins Traum mehr Erfolg verspricht, wenn man nicht nur eine Zusatzdimension annimmt, sondern 6 oder 22 neue Dimensionen. Die aussichtsreichste sogenannte Superstringtheorie ist gegenwärtig die von Green, Schwarz und Witten, die eine zehndimensionale Raumzeit, also sechs zusätzliche Raumdimensionen, zugrunde legt. (Neuerdings nimmt man noch eine weitere Dimension an.) Gravitation, Materie und Kräfte sind darin gleichermaßen Schwingungsvorgänge in den Superstrings. Materie ist so etwas wie Musik, gespielt auf hauchdünnen, sechsdimensionalen Saiten. Teilchen sind Fortissimo-Töne, Gravitationswellen ein leiser Hintergrund-Sound. Die Saiten sind nicht aus Stoff, keine Metalldrähte oder Schweinedärme, denn ihre Schwingungen bedingen ja erst den Stoff. Die Saiten sind selbst Raum; ihr Spiel in der Zeit konstituiert das Seiende. Raum hängt dabei so eng mit Zeit und Schwingungen zusammen, dass es dort keinen Raum gibt, wo keine Schwingung ist, und Zeit ohne Raum nicht denkbar ist.

Materie und Geist sind dann gleichermaßen Phänomene im schwingenden raumzeitlichen Feld, Extrakte des Wirklichen, die unser Begriffsapparat herausschneidet und mit Sinneserfahrung in Verbindung bringt. Was der Münchener theoretische Physiker Süßmann schon in den siebziger Jahren angesichts der Quantenphysik sagte, gilt verstärkt in der superstringtheoretischen Weiterentwicklung der Quantenphysik: „Obschon Geist und Stoff nicht in jeder Hinsicht dasselbe sind, […] so sind sie doch miteinander verwandt, ja es erscheint als klärend und vernünftig, Mentales und Körperliches als im Letzten gleichartig anzunehmen."[12]

Was bedeutet das nun für die ecclessche Theorie und für unsere Überlegung dazu? Es soll natürlich nicht gesagt werden, das Jenseits sei in den sechs verkümmerten Raumdimensionen der Superstringtheorie anzusiedeln. Die Superstringtheorie ist ihrerseits nur eines der Klischees, der Netze, die unser Denken benutzt, um kosmische Geschichte teilweise zu verstehen. Die dimensionale Öffnung unserer Kosmosvorstellung und die Vielfalt einer erweitert gedachten Natur lassen es aber denkbar werden, dass der von Eccles als materieunabhängig bezeichnete selbstbewusste Geist ebenso wie die Materie dem erweiterten Kosmos angehört und materieanaloge Struktur besitzt. Im Einzelnen wissen wir wenig darüber. Aber wir können vermuten, dass sich hinter dem, was wir als Selbstbewusstsein, Ich oder Geist bezeichnen, eine in den unsichtbaren Teil des Universums hineingewachsene, reichhaltige Gestalt verbirgt. Deren Wachstum auf biologisch beackertem Feld nehmen wir in der Gehirnphysiologie wahr. Ihre tiefere Bedeutung ganz zu erfassen übersteigt aber die Möglichkeit jeder Naturforschung.

Entscheidend ist, dass jedem Individuum eine unzerstörbare Gestalt zugeordnet wird. Nicht eine vage geistige vierte Dimension, wie sie von Ditfurth vorschwebte, birgt die Zukunft des Kosmos, sondern die uns zwar verborgene, aber als real denkbare Fortsetzung individuellen Seins.

Ob die Masse der Neuroforscher – sie umfasst viele tausend Personen – die ecclesschen Ideen weiterführen

12 Süßmann, G., Geist und Materie, in: Dietzfelbinger, H./ Mohaupt, L. (Hg.), (1980), 26.

wird, steht einstweilen dahin. Noch dominiert das reduktionistische Schema, das alles Geistige als Funktion neuronaler Netze darzustellen versucht. Das kann sich aber ändern.

Vielleicht hält aber die Neurophysiologie Überraschungen bereit, die das bisher materialistisch orientierte Denkschema vieler Neurowissenschaftler überwinden. Ein methodischer Materialismus braucht dafür nicht einmal ein Hindernis darzustellen. Im Band „Bewusstsein" erläutert eine Gruppe von Philosophen und Neurowissenschaftlern auf fast 800 Seiten, warum Geist nur eine Gehirnfunktion darstellt. In einem der Aufsätze heißt es fast ärgerlich: „Einige Leute, die sich intellektuell als Materialisten verstehen, haben dennoch starke dualistische Bedürfnisse, die sich vor allem auf das Leben nach dem Tod beziehen. Vom Bauch her reagieren sie ablehnend auf die Idee, dass Neuronen – Zellen, die man unter einem Mikroskop und mit Elektroden erforschen, Gehirne, die man in der Hand halten kann und die ohne Sauerstoffversorgung ziemlich schnell verwesen – die Quelle von Subjektivität und der ‚Meinigkeit des Ichs' sein sollen […] Die Quantenphysik scheint […] die übrig gebliebenen dualistischen Bedürfnisse besser anzusprechen. Vielleicht, indem sie die Möglichkeit in Aussicht stellt, dass sich wissenschaftlicher Realismus und Objektivität in diesem Bereich in Luft auflösen oder dass Gedanken und Gefühle am Ende gar die fundamentalen Eigenschaften des Universums sind. Viele scheinen das Gefühl zu haben, dass die Erklärung von so wichtigen Dingen wie dem, was mein Ich ausmacht, etwas ‚Tieferes', ‚Mysteriöseres' und ‚Außerweltlicheres' beinhalten sollte als lediglich Neuronen […]"[13] – Diesen Bemerkungen kann man nur hinzufügen: Nicht ärgerlich, sondern wunderbar, dass auch methodische Materialisten solche Anschauungen vertreten.

Der oben genannte SZ-Artikel über Eccles' Irrtum führt als Begründung für den „Irrtum" im Wesentlichen die Feststellung an, Gehirnforscher haben „in den letzten Jahren zunehmend erkannt, dass Materie und Geist lediglich zwei Seiten einer Medaille sind [...]"[14]. Präziser sollte man sagen, dass diese Gruppe von Gehirnforschern den Geist als Summe von Gehirnfunktionen definiert und sich auf diese Weise von weiter gehenden Fragestellungen abschirmt. Sie definiert sozusagen andere Aspekte des menschlichen Geistes einfach hinweg. Leider ist das ein Beispiel dafür, dass Naturwissenschaftler gelegentlich wie Elefanten in den Porzellanladen der Geisteswissenschaften hineinstampfen. Der Begriff „Geist", der diesem Laden den Namen gibt, ist eine wertvolle und empfindliche chinesische Vase. Naturwissenschaft kann etwas über den Stoff sagen, aus dem sie gebaut ist, und darüber, wie man sie mit Wasser füllt, aber kaum mehr.

Man kann hoffen, dass der von Eccles aufgezeigte Weg weiter beschritten wird. Eccles hat in seinen letzten Arbeiten eine Verbindung zur Quantentheorie hergestellt. Auch der Physiker und Mathematiker Roger Penrose weist mit seinem Buch „Schatten des Geistes" in diese Richtung und spricht von noch unentdeckten neuartigen Quantengesetzen, die zu erwarten sind.[15]

Fassen wir die Begründung unserer Hypothese zusammen: Starkes anthropisches Prinzip, eine modifizierte Beschreibung des selbstbewussten menschlichen Geistes und die quantenphysikalische stringtheoretische Verbindung von Geist und Materie in einem dimensional erweiterten Kosmos sind die drei Pfeiler, auf die wir die natur-

---

13 Grush, R./Smith Churchland, P., Lücken im Penrose-Parkett, in: Metzinger, Th. (Hg.), (1996), 247.
14 SZ-Nachruf auf C. Eccles, aaO.
15 Vgl. Penrose, R. (1995).

philosophische These von einem Weiterbestehen menschlicher Individualität über den Tod hinaus gründen. Damit ist weder die Existenz eines Jenseits bewiesen noch sind Einzelheiten über das Weiterleben ausgesagt. Nur der Rahmen ist abgesteckt, die Offenheit des naturwissenschaftlichen Weltverständnisses angezeigt. Physik stellt sozusagen das Jenseits gedanklich zur Disposition.

Fragen wir abschließend nach der Beziehung zu einer religiösen Jenseitsdeutung. Es wäre interessant, die verschiedenen religiösen Ansätze durchzugehen. Beschränken wir uns aber auf einige Anmerkungen zur christlichen Schöpfungstheologie.

Wolfhart Pannenberg sieht im Aufkommen der Feldtheorie von Faraday und dem veränderten Verständnis von Raum, Zeit und Materie, das sich in unserem Jahrhundert im Anschluss an diese Theorie entwickelt hat, eine neue Möglichkeit, von Gottes Geist zu sprechen. Für ihn hat „die Entwicklung der physikalischen Feldtheorien seit Faraday es ermöglicht, die Funktion des göttlichen Geistes bei der Schöpfung der Welt wieder auf die Naturbeschreibung der Physik zu beziehen"[16].

Das muss natürlich sehr behutsam geschehen. „Die prinzipielle Differenz zwischen physikalischer und theologischer Betrachtungsweise bei der Beschreibung der Weltwirklichkeit verbieten es allerdings, physikalische Feldtheorien direkt theologisch zu interpretieren."[17] Aber ein enger Zusammenhang lässt sich formulieren und bringt Schöpfungstheologie mit den Feldvorstellungen der Quantentheorie und insbesondere der Superstringtheorie in Verbindung.

16 Pannenberg, W. (1991), 101.
17 AaO. 103.

Das lässt sich beispielsweise am Verhältnis von Zeit und Ewigkeit verdeutlichen. Ewigkeit wird als „Ermöglichungshorizont von Zeit" gesehen, sie bindet Zeit zusammen, verankert das Gestern im Morgen, nicht umgekehrt. „Zukunft [...] lässt sich [...] nicht als Konsequenz der Vergangenheit begreifen"[18], heißt es in dem schon zitierten Beitrag von Christian Link. In Worten des jüdischen Philosophen Franz Rosenzweig ausgedrückt: „Ewigkeit ist eine Zukunft, die, ohne aufzuhören, Zukunft zu sein, dennoch gegenwärtig ist."[19] Das kann als Interpretation des starken anthropischen Prinzips aufgefasst werden: Ohne auf eine bestimmte Zielgestalt hin determiniert zu sein, wird kosmisches Geschehen von seiner Zukunft getrieben, in einer unentwirrbaren Verbindung von Kontingenz und Gesetz.

Der Mensch – jeder einzelne Mensch – als Zwischenziel der schöpferischen Ewigkeit ist nicht von seiner Zukunft in Gott als dem Inbegriff schöpferischer Wirkung abzulösen, er bleibt als Identität in wandelbarer Gestalt bestehen. Ewigkeit als Ermöglichungshorizont von Zeit geht einher mit erweiterter Räumlichkeit als Ermöglichungshorizont von physikalischem Raum und materiellem Sein. Weiterleben über den Tod hinaus ist Weiterbestehen in Gottes Ewigkeit und Räumlichkeit.

So etwa verstehe ich einen theologischen Ansatz, wie er von namhaften Theologen vertreten wird und insgesamt gesehen mit meiner Hypothese vereinbar ist. Seine Sprache reicht über naturwissenschaftliche und naturphilosophische Begriffe hinaus, tritt diesen aber nicht entgegen, sondern umfasst sie.

18 Link, aaO. 165.
19 Moltmann, J. (1995), 54.

Natürlich bleiben im Einzelnen viele Fragen offen, etwa die nach dem Verhältnis von Weiterleben nach dem Tod und Auferstehung im Sinne des Neuen Testamentes. Dass beides sich in Einem ereignet wie bei Jesus, wird nur von wenigen Theologen vertreten, findet sich etwa in den Schriften des Theologen Karl Rahner. Mir erscheint das wichtig, wenn auch in naturphilosophischer Sicht über Einzelheiten eines Lebens nach dem Tod nichts ausgesagt wird.

Wie auch immer Theologie den Halbsatz „[…] die Schöpfung verliert ihre Toten nicht" interpretiert: Die hier dargelegte These bestätigt ihn schon deshalb, weil sie den Halbsatz „Die Natur verliert ihre Toten […]" mit Hilfe eines erweiterten Naturbegriffes negiert. Physik versteht sich nicht als Wächter, der das Tor zu einem Jenseits verschließt. Ob sie das Tor einen kleinen Spalt öffnen kann, darüber sollte man wenigstens diskutieren.

Zu dieser Diskussion will das folgende Kapitel einen Beitrag leisten, und zwar anhand von Erfahrungen, denen sich viele Menschen unversehens ausgesetzt sehen, sei es in wirklicher Todesnähe oder durch andere Umstände.

Erlebnisse in Todesnähe aus der Sicht eines Naturwissenschaftlers

Mein Interesse an dem Thema ist ein doppeltes. Zum einen interessiere ich mich als religiöser und zugleich kritisch denkender Mensch dafür, was es mit den teilweise spektakulären Berichten über Nahtod-Erfahrungen auf sich hat und was sie für den Auferstehungsglauben und für Religion bedeuten. Zum anderen sehe ich Nahtod-Erlebnisse im Zusammenhang mit dem naturwissenschaftlichen Welt- und Menschenverständnis: Wenn einige der berichteten Phänomene als reale Geschehnisse zu betrachten sind, dann bedeutet das eine außergewöhnliche Herausforderung sowohl für die physikalischen Vorstellungen vom Kosmos als auch für die medizinische Beschreibung des Menschen. Insbesondere ist dann die so genannte neurobiologische Doktrin, nach der jeder geistige Vorgang im Menschen sein Gegenstück in den neuronalen Netzen des Gehirns hat, schlicht falsch. – Ich möchte versuchen, wenigstens in Umrissen zu beiden Aspekten des Themas beizutragen.

Man könnte annehmen, dass an den Universitäten sowohl Naturwissenschaft als auch Theologie sehr am Thema Nahtod-Erfahrungen interessiert sind. Das ist jedoch kaum der Fall. Die Abstinenz wird sich nicht auf Dauer aufrechterhalten lassen; dafür sind die anstehenden Fragen zu drängend. Das Alibi, man wolle sich nicht in die Szenerie von Spuk, Ufos und okkultem Unfug begeben, reicht nicht aus. Man unterlässt ja auch nicht die Wissenschaft der Astronomie mit der Begründung, die Astrologie würde sich ebenfalls mit Sternen beschäftigen.

Wenigstens in der Soziologie gibt es eine Arbeitsgruppe für Nahtod-Erlebnisse an der Universität Konstanz. Sie hat 1999 eine repräsentative Umfrage über Nahtod-Erfahrungen in Deutschland publiziert. Hubert Knoblauch, Leiter der Gruppe, berichtet, dass etwa 5–10 Prozent der Deutschen Nahtod-Erfahrungen haben. Es handelt sich also nicht, wie man nach den Büchern von Moody und anderen vorwiegend amerikanischen Autoren vermuten könnte, um ein vorwiegend amerikanisches Phänomen.[1]

Was aber spielt sich überhaupt ab in den sogenannten Nahtod-Erfahrungen? Ich will zunächst einige Beispiele anführen, die ich vor einiger Zeit selbst gesammelt habe.[2]

Frau Soemiati Guillaume aus Franken berichtet von einem schweren Unfall, den sie vor einer Reihe von Jahren auf Glatteis hatte: Ein Bus, von dem sie später erfuhr, dass er voll mit Kindern besetzt war, stieß mit einem Pkw zusammen und kam dann frontal auf sie zu.

„Das Letzte, was ich hörte, war das kreischende Metall meines kleinen VW-Käfers. Danach fühlte ich mich unendlich leicht und frei. Ich schwebte in einem weißen, etwas milchigen Licht und sah hinunter auf ein seltsames Bild. Da lagen zwei Körper auf dem Boden, um die Menschen herumstanden, darunter viele Kinder. Bei den Körpern handelte es sich um den meiner Freundin und meinen eigenen. Dann sah ich, wie man zwei Decken über uns ausbreitete, aber auch unsere Köpfe bedeckte. Ich dachte, wieso machen die das, wir sind doch nicht tot! Danach wandte ich mich ab und bemerkte, dass das Licht nicht mehr milchig war, sondern zu einem strahlenden Weiß wurde.

---

1 Vgl. hierzu Knoblauch (1999). Weitere neuere Beiträge über Nahtod-Erlebnisse: Ewald (1999) und Högl (1999).
2 Zuerst publiziert in Ewald (1999).

Auf einmal hörte ich, wie jemand immer wieder laut meinen Namen rief. Endlich schlug ich die Augen auf und sah wieder Weiß über mir. Doch dieses Mal war es nicht strahlend, sondern eher schmutzig. Es dauerte, ehe ich begriff, dass es sich um das Innendach des Krankenwagens handelte."

Ein zweiter Bericht: Anton Bartholdy (Name geändert) wohnt im Rheinland, hat Bauingenieurwesen studiert und ist Berufsoffizier bei der Bundeswehr. Der 51-jährige, Vater von drei erwachsenen Kindern, hatte im Alter von 43 Jahren eine Bypass-Operation. Diese verlief normal. Erst bei der Nachuntersuchung ein halbes Jahr später kam es zu Komplikationen:

„Während des Eingriffs bemerkte ich plötzlich, wie es mir schummerig vor den Augen wurde und nach einem weiteren Arzt gerufen wurde. Ich hörte dann noch die Stimmen des Personals, konnte den Sinn jedoch nicht mehr verstehen. Ich hatte den Eindruck, unendlich müde zu sein und in den Schlaf zu fallen. Zunächst wehrte ich mich dagegen, empfand den Zustand jedoch als angenehm und hörte dann auf, mich zu wehren. Ich stellte mir die Frage, ob ich nur träume oder ob dies alles real sei.

Plötzlich fühlte ich mich außerhalb meines Körpers halbhoch im Raum schweben und beobachtete die Bemühungen um meinen Körper. Ich erkannte jedes Detail und verstand ihre Gespräche [...]. Das Gefühl, den eigenen Körper abgelegt zu haben, war ungeheuer befriedigend. Ich fühlte mich ruhig, angenehm befreit, zufrieden und zutiefst glücklich und wünschte mir diesen Zustand bis in alle Ewigkeit.

Plötzlich hatte ich den Eindruck, wieder ‚auf dem Boden' in meinem Körper zu sein. Dies bereitete mir einiges Unbehagen. Wenig später trat der oben geschilderte Zustand erneut ein. Ich erinnere mich, den Körper erneut

wie einen Mantel abgelegt zu haben und über allem ge-
schwebt zu sein. Ein tiefes Gefühl des Glücks, der Ruhe
und des Friedens war in mir. Dabei war ich nicht körper-
los, sondern ein anderer, leichterer, ‚geistiger' Körper hatte von mir Besitz ergriffen. Die Schwere des irdischen
Körpers wurde zurückgelassen.

Später nahm ich die irdische Realität wieder wahr und
wurde von den Ärzten angesprochen. Da der Eingriff be-
endet war, wurde ich auf mein Krankenzimmer verlegt.
Ich fühlte mich wohl, nahm ein Getränk zu mir und begann zu lesen.

Ich maß dem Erlebnis zunächst keine Bedeutung bei.
Später informierte mich der Arzt darüber, dass es bei dem
Eingriff Komplikationen gegeben habe, nämlich zweima-
ligen Herzstillstand. Erst dann erinnerte ich mich bewusst
des Erlebnisses und schilderte dies kurz dem Arzt. Dabei
machte ich Angaben, die ich nach menschlichem Ermes-
sen objektiv nicht hätte beobachten können. Der Arzt
bestätigte diese Angaben, reagierte jedoch nicht auf meine Schilderung.“

Offensichtlich hat es den Arzt doch beschäftigt. Wie
Herr Bartholdy auf meine Rückfrage nach Einzelheiten
schreibt, spielte sich noch folgendes ab:

„Im Gedächtnis sind mir besonders zwei Beobachtungen bzw. Angaben geblieben. Im ‚Schwebezustand' sah
ich deutlich das Firmen- bzw. Typenschild eines medizi-
nischen Gerätes. Ich nannte dem Arzt die genauen Be-
zeichnungen […] auf diesem Schild. Später ließ er mir
durch eine Schwester mitteilen, dass meine Angaben
stimmten. Die Schwester bestätigte mir, dass es für den
Patienten unmöglich sei, dieses Gerät während des Ein-
griffes zu sehen.“

Es läge nahe, hier gleich auf die Frage einzugehen, wie
es mit dem Realitätsgehalt einer solchen Aussage steht.

Aber stellen wir das noch zurück und betrachten wir weitere Merkmale für das Phänomen der Nahtod-Erlebnisse. Neben dem Außer-Körper-Erlebnis, das in ungefähr 50% der Nahtod-Erfahrungen auftritt, gibt es eine Anzahl weiterer wiederkehrender Beobachtungen, unter denen drei besonders hervorstechen:

– Tunnelerfahrung
– Lichterlebnis
– Panorama (Lebensrückblick)

Diese vier „Bausteine" von Nahtod-Erlebnissen treten nicht immer alle in einem Erlebnis auf, meist aber zwei oder drei von ihnen. Dabei bildet oft der Weg durch einen Tunnel zum Licht hin eine Einheit. In dem Lichterlebnis werden mitunter Freunde oder Verwandte wahrgenommen, die in der Regel dem Betroffenen mitteilen: Du musst noch einmal zurück. In allen beobachteten Fällen – es sind inzwischen einige tausend – handelt es sich um bereits verstorbene Menschen. Die Rückkehr aus dem Lichterlebnis ist gewöhnlich eine Enttäuschung, weil man gern im Licht geblieben wäre.

Im folgenden Beispiel treten Tunnel, Lichterfahrung und Panorama hintereinander auf. Es hat auch die Besonderheit, dass es nicht in Todesnähe geschieht, sondern spontan wie in einem gewöhnlichen Traum. Frau Inge Drees aus dem Rheinland, Jahrgang 1944, 2 Kinder, schreibt:

„Es war ca. 1977. Nach einer unruhigen Nacht – meine Kinder waren noch klein – war ich morgens im Bett noch einmal eingeschlafen. Ich träumte irgendetwas, was ich heute nicht mehr weiß. Aus dem Traumgeschehen heraus, ohne abrupten Übergang, fand ich mich in einer Röhre, in der ich leicht aufwärts glitt. Die Röhre war nicht beängstigend eng, so breit, wie ich die Ellenbogen in etwa abwinkeln kann. Sie war nicht dunkel. Ich glitt eine Weile ohne Angst, einfach so. Nach einer Zeit sah ich am

Ende der Röhre Helligkeit. Ich schwebte aus der Röhre heraus und sah mich einem Licht, einer Helligkeit, etwas Unbeschreiblichem gegenüber. Man kann es nicht mit Worten ausdrücken, nur versuchen. Es war die absolute Liebe, das, was man sich immer gewünscht hat, ein warmes Leuchten, wie ein liebevolles Warten auf mich – die Worte können es nur ungenügend beschreiben.

Alles in mir war nur darauf aus, in dieses Licht hineinzuschweben, sich darin aufzulösen, ja, es wäre ein Auflösen gewesen […].

Während ich auf dieses „Licht" zuschwebte, das eigentlich ziemlich nah vor mir war, […] erlebte ich mein Leben in lauter bewegten Bildern. Es war aber nicht wie ein Film, sondern alles geschah gleichzeitig, und das hat mich da gar nicht erstaunt, weil es selbstverständlich war. (Es war schon wie ein Auflösen; ich empfand mich nicht mehr als Person, sondern irgendwie war ich die Summe meiner Taten und Erlebnisse. Sie waren um mich herum, ich hatte das Gefühl, wie in einer kugelförmigen Wolke zu sein, und ich war nicht mehr Person, sondern wie ein theoretisches Ergebnis.) Ich muss wieder sagen, dass das mit Worten fast nicht wiederzugeben ist."

Man kann natürlich fragen, was dieses Erlebnis von einem gewöhnlichen Traum unterscheidet. Darauf lässt sich zweierlei antworten. Zum einen finden sich in dieser Erfahrung genau dieselben Grundmuster wie bei entsprechenden Erfahrungen im Koma. Zum anderen sind die Nachwirkungen außerordentlich und entsprechen auch dem, was in den meisten Fällen beobachtet wird: Die Betroffenen verlieren die Angst vor dem Tod und sind von einem Weiterleben nach dem Tod überzeugt. So fügt Frau Drees auch hinzu:

„Für mich bedeutet dieses Erlebnis sehr viel, seit ich weiß, dass es der Tod ist. Ich habe große Angst vor Schmerzen, vor Unfällen, vor unheilbaren Krankheiten, aber vor dem endgültigen Übergang habe ich keine Angst. Es ist wie ein Versprechen, das mir gegeben worden ist. Am Ende meines Lebens werde ich in dieses Unsagbare eingehen, und das macht mich froh."

Ähnliches berichten viele andere Betroffene. Es kommt allerdings auch in wenigen Fällen vor, dass der Schock, das Licht wieder verlassen zu müssen, so groß ist, dass der Betroffene mit einer Depression reagiert.

Die Frage, ob im Nahtod-Erleben physische Objekte wirklich wahrgenommen und nicht traumhaft erlebt werden, stellt sich in besonderer Weise bei blinden Menschen. Es war lange strittig, ob auch Blinde in der Nahtod-Erfahrung sehen können. Seit 1997 ist jedoch durch eine Forschungsarbeit des amerikanischen Psychologen Kenneth Ring und seines Mitarbeiters Cooper diese Frage geklärt: Es ist wirklich der Fall. Wir kommen darauf zurück.

Hier will ich meine Eingangsbeispiele durch einen Nahtod-Bericht aus der Literatur abrunden. Man kann durch die Literaturgeschichte hindurch Darstellungen von Nahtod-Erlebnissen verfolgen. Viele mittelalterliche Visionen enthalten solche, im Amida-Buddhismus gibt es ganze Sammlungen, Platon erzählt von einem Soldaten, der auf einem Schlachtfeld liegen geblieben war, dann aber noch einmal zu sich kam und Entsprechendes erzählte. Besonders erstaunlich aber ist es, dass im ältesten Dokument der Weltliteratur, dem Gilgamesch-Epos, eine Nahtod-Erfahrung zu finden ist. Die Schilderung ist nicht in den ersten Versionen von etwa 1900 v. Chr. vorhanden, sondern in einer der etwas späteren Fassungen. Es heißt darin:

„Gilgamesch [...] begann [...] seine Suche nach dem Jenseits. Nach langer Zeit entdeckte er hinter den Ozeanen am Ende der Welt den Fluss Chubur, die letzte Schranke vor dem Königreich der Toten.

Gilgamesch verließ diese Welt und kroch durch einen dunklen, endlosen Tunnel. Es war ein langer, unbequemer Weg [...], aber schließlich sah er einen wunderschönen Garten. Die Bäume trugen Perlen und Juwelen, und über alles sandte ein wunderbares Licht seine Strahlen. Gilgamesch wünschte, im Jenseits zu bleiben. Aber der Sonnengott schickte ihn durch den Tunnel zurück in dieses Leben."[3]

Kommen wir aber nun zur Frage einer Erklärung der Nahtod-Erlebnisse, insbesondere der Aussagen, die nicht von vornherein als Träume verstanden werden können, also etwa der Beobachtung der eigenen Wiederbelebung „von außen" oder des Sehens realer Geschehnisse durch blinde Menschen. Man findet in der Literatur, vor allem in der populärwissenschaftlichen, zwei vorherrschende Interpretationen; nennen wir sie kurz die materialistische und die esoterische. Es sei jetzt schon bemerkt, dass ich keiner der beiden folge werde.

Der erste Erklärungsversuch stützt sich auf neurophysiologische, toxikologische und psychologische Argumente. Er wird prototypisch in dem Buch „Dying to live" der englischen Psychologin Susan Blackmore vertreten (1993). Eines der Kernargumente besteht darin, bei Nahtod-Erlebnissen handele es sich um die Folgen von Sauerstoffmangel. Im sterbenden Gehirn wirkt sich der Sauerstoffmangel zuerst im Mittelhirn aus, wobei die inhibitorischen Synapsen stärker betroffen sind als die exzitatorischen. Es kommt zu einer Art Enthemmung des „Feuerns" von Nervenzellen, die sich besonders im Schläfenlappen auswirkt und den visuellen Eindruck eines weißen Flecks erzeugt,

3 Zit. nach Schröder-Kunhardt (1993), 225.

der allmählich größer wird. Dadurch entstehe, so meint Susan Blackmore, das Erlebnis eines Tunnels, in dem man sich auf das Licht am Ende zubewegt. Sie unterstützt diesen Gedanken durch Computersimulationen.

Dazu ist einiges anzumerken. Zunächst hat man herausgefunden, dass nur bei einem Teil der Betroffenen eines Nahtod-Erlebnisses Sauerstoffmangel auftritt. Wir sahen schon, dass derartige Erfahrungen nicht nur in Todesnähe eintreten. Man hat sogar umgekehrt festgestellt, dass bei Personen, die ein Gemisch von 70 % Sauerstoff und 30 % Kohlendioxid einatmen, oft Nahtod-Erlebnisse stimuliert werden. Aber auch dort, wo man Sauerstoffmangel im Gehirn annehmen kann, etwa bei Patienten mit Herzstillstand, ist Behutsamkeit geboten. Man hat in klinischen Beobachtungen festgestellt, dass es bei Sauerstoffmangel zwar kurzzeitig zu einem gesteigerten Wohlbefinden kommt, dann aber zu einer Abnahme und schließlich zum Verlust der Urteilsfähigkeit, endlich zu Wahrnehmungsstörungen wie Illusionen, Halluzinationen und schließlich zu Bewusstlosigkeit. Das steht in scharfem Kontrast zu der geordneten Aufeinanderfolge von ekstatischen Glücksgefühlen, verifizierbaren Wahrnehmungen der physikalischen Umwelt, hochethischer Urteilsfähigkeit im Lebenspanorama. Zu beobachten ist auch, dass manchmal Tunnelausgänge als Portal, also rechteckig erlebt werden. Nach Blackmore müssten Tunnelausgänge immer rund sein.

Wenn also auch bei einem Teil der Nahtod-Erlebnisse Sauerstoffmangel als Auslöser mitwirken mag, so sagt dieser Mangel doch so gut wie nichts über den Inhalt und die Bedeutung des Nahtod-Erlebens aus. Ähnlich steht es mit der Wirkung von so genannten Endorphinen und Enkephalinen, chemische Substanzen, die an den Synapsen eine verändernde Wirkung ausüben können. Sie werden oft unter Stress ausgeschüttet, etwa bei Langstrek-kenläufern, die dann Glücksgefühle erleben. Ist nicht Todesnähe ein Stress, bei dem Ähnliches geschieht? Hierzu ist anzumerken, dass man in der Tat bei Nahtod-Betroffenen eine Ausschüttung von Endorphinen und Enkephalinen beobachtet hat. Die Frage ist nur, was das zum Verständnis der Nahtod-Erlebnisse beiträgt. Nicht nur bei der Anspannung eines Marathonlaufes, sondern bei jedem starken psychischen Erlebnis werden Endorphine ausgeschüttet. Es käme aber niemand auf die Idee, etwa den Sexualakt damit zu erklären, er sei „weiter nichts" als Ausschüttung von Hormonen. Dass chemisch-biologische Prozesse im Spiel sind, besagt wenig für das Verstehen eines Vorgangs. Inhalt des Vorgangs und dessen Bedeutung für ein Lebewesen bleiben offen. Wir brauchen deshalb entsprechende Erklärungsversuche nicht weiter zu verfolgen. Wo sie ins Extrem getrieben werden, verstellen sie sogar, wie wir gleich sehen werden, den Blick für andere naturwissenschaftliche Aspekte der Nahtod-Erfahrungen. Eine materialistische Deutung der Nahtod-Erfahrungen steht ihrer eigenen Absicht im Wege.

Ich will aber zunächst noch das andere Extrem eines Erklärungsversuches von Nahtod-Erlebnissen kurz diskutieren, nämlich dasjenige der Esoterik. Die theosophische Lehre von den sogenannten Leibhüllen bietet sich für diesen Zweck geradezu an, insbesondere der Gedanke des Ätherleibes und der des Astralleibes. Die Vorstellung vom Ätherleib ist in der zweiten Hälfte des 19. Jahrhunderts aufgekommen, als man in der Physik die Existenz eines Weltäthers annahm. Ein „feinstofflicher Körper" sollte die abstrakte Seelenvorstellung in eine quasi-materielle überführen und so die Ablösung der Seele vom Leib verständlich machen. Der Ätherleib war dabei nur Übergang zu einem höheren geistigen Sein im „Astralleib". In der anthroposophischen Version der Theosophie wurde das von Rudolf Steiner detailliert ausgearbeitet, und zwar unter expliziter Bezugnahme auf Nahtod-Erfahrungen. Man gewinnt den Eindruck, dass Steiner selbst derartige Erfahrungen gemacht hat oder Berichte darüber kannte. Überhaupt ist es eine interessante Frage, inwiefern sich religiöse Lehren, etwa auch die der Reinkarnation, aus Nahtod-Erlebnissen heraus entwickelt haben – aber das wäre ein eigenes Thema. Festzuhalten ist nur, dass man ebenso die theosophischen Seelenvorstellungen und Berichte von Jenseitsreisen als Ausfluss von Nahtod-Erfahrungen ansehen kann wie umgekehrt derartige Erfahrungen als Bestätigung von Ansichten, die oft als „höhere Erleuchtung" qualifiziert werden.

Wir folgen derartigen Gedankengängen nicht, sondern fragen weiter nach Möglichkeiten, im Umkreis der Naturwissenschaften Nahtod-Phänomene einzuordnen. Ich spreche vorsichtig vom „Umkreis" der Naturwissenschaften, weil bisher nicht klar ist, wie weit der Gegenstandsbereich der Naturwissenschaften reicht. Wir diskutieren eine These, an der dies deutlich wird. Sie lautet: Es gibt eine optische Wahrnehmung, die nicht über die Retina des Auges vermittelt wird, sondern anderer Gestalt ist. Das parapsychologische Phänomen des Hellsehens gehört zu diesen Wahrnehmungen und steht in enger Beziehung zu dem „Sehen" im Außer-Körper-Erlebnis.

Hellsehen und Telepathie sind zwar seit längerer Zeit Gegenstand der parapsychologischen Forschung, wie sie beispielsweise in den fünfziger und sechziger Jahren erfolgreich an der Universität Freiburg von Prof. Bender betrieben wurde. Aber die Ergebnisse, insbesondere die reale Existenz von Telepathie und Hellsehen, sind bisher nicht allgemein als naturwissenschaftliche Phänomene anerkannt worden, sondern werden dem psychologischsubjektiven Bereich zugerechnet. Bei allem Verständnis für die große Behutsamkeit, mit der Naturwissenschaft vorgehen muss, wenn sie „objektive" Geschehnisse beschreibt, ist zu befürchten, dass man hier etwas abwehrt, das eine Herausforderung des herkömmlichen naturwissenschaftlichen Weltbildes darstellt. Mir erscheint indessen, dass Telepathie und Hellsehen unbedingt zum Gegenstandsbereich der Naturwissenschaften gerechnet werden müssen. Ich möchte das an einem Beispiel erläutern.

Der bekannte amerikanische Schriftsteller Upton Sinclair hat 1930 ein Buch herausgebracht, das völlig aus seiner Serie von neunzig sozialkritischen Romanen herausfiel. In deutscher Übersetzung trägt es den Titel „Radar der Psyche"[4]. Sinclair hatte beobachtet, dass seine Frau Craig in der Lage war, Handzeichnungen von ihm nachzuzeichnen, ohne sie gesehen zu haben. Das Ehepaar Sinclair hatte nichts mit einer okkulten Szene zu tun und war überrascht von diesem Phänomen. In seinem Buch hat Sinclair etwa 280 derartiger Handzeichnungen samt hellseherischer Wiedergabe publiziert und dabei präzise dargelegt, dass eine Täuschung oder Selbsttäuschung auszuschließen ist. Sinclair betont, dass er es nicht nötig habe, sich mit einem derartigen Buch wichtig zu machen; es bringe ihm eher Ärger ein, den er hätte vermeiden können. Um seine Glaubwürdigkeit zu unterstreichen, bat er überdies einen Physiker, mit dem er befreundet war, um ein Vorwort zu dem Buch. Dieser schrieb es auch – es war Albert Einstein.

Während wir im Fall des Sehens bei Nahtod-Erfahrungen auf Berichte angewiesen sind, kann man die Beobachtungen von Upton und Craig Sinclair vorzeigen, und

4 Sinclair (1973). Die folgenden Abbildungen sind aus: Upton Sinclairs Radar der Psyche. © alle deutschsprachigen Rechte by Scherz Verlag, Bern, München, Wien.

so erscheint es lohnenswert, dass wir uns wenigstens einige der Bilder ansehen:

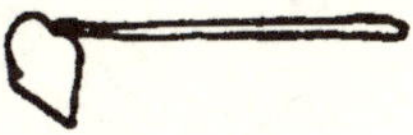

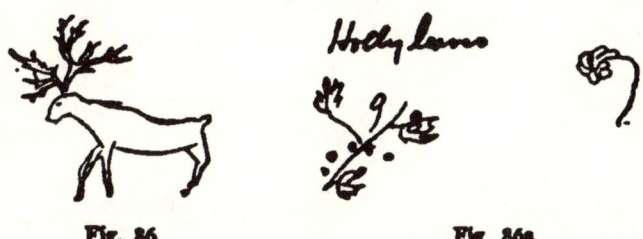

Fig. 85 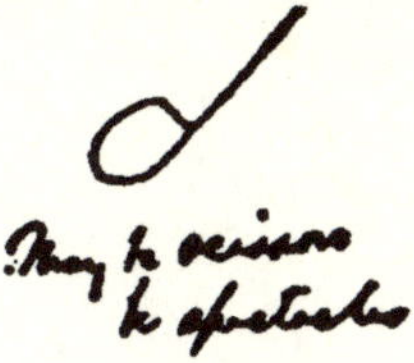   Fig. 85a

Mit dem Zusatz (a) ist jeweils die hellseherische Wiedergabe von Craig gemeint. Im ersten Beispiel interpretiert Craig das Gesehene als „Schere" oder „Brille mit langem Bügel", gibt aber optisch ziemlich gut die Skizze Uptons wieder. Das zeigt, dass nicht der Gedanke „Hacke" telepathisch übermittelt wurde, sondern wirklich der visuelle Eindruck; ob über die visuelle Vorstellung Craigs oder aus dem gezeichneten Bild heraus, bleibt dabei offen.

Im zweiten Beispiel „sieht" Craig eine Stechpalme", und Upton bemerkt dazu: „Es ist psychologisch interessant, dass in Craigs Kindheit Ren und Stechpalme etwas mit Weihnachten zu tun hatten."

Fig. 86   Fig. 86a

Hinter dem dritten Figurenpaar verbirgt sich eine nette Episode: Upton hatte mit Charlie Chaplin vor dem Experiment zu Mittag gegessen und Craig davon erzählt. Seine Skizze sollte einen strahlenden Diamanten darstellen.

Craig erblickte darin aber Charlie Chaplin und fügte hinzu: „Ich weiß nicht, warum er einen Heiligenschein trägt."

Fig. 89

Fig. 89a

Upton nennt verschiedene Beispiele, „bei denen sich Dinge einschlichen, die ich nicht zeichnete, die ich aber, während ich zeichnete, vor mir hatte". So skizzierte er einmal, nicht gerade virtuos, eine Tuba. Craigs Wiedergabe ist optisch nicht überzeugend, wohl aber ihr Kommentar: „Langweiliger goldener Ring, der schimmert und vorsteht, mit einem Schatten dahinter, und in der Mitte glänzt und sich bewegt. Metall. Es leuchtet wie ein goldener Schein, der Ring oder Kreis ragt in die Luft, schwebend, und bewegt sich in einem Goldschimmer." Denkt man daran, dass in den USA die „marching bands" oft auftreten, vor allem bei Sportereignissen, dann empfindet man in Craigs Darstellung nicht nur die goldleuchtende Tuba, sondern auch die Bewegungen, die sie ausführt.

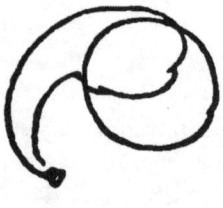

Fig. 54

Fig. 54a

44

Folgt man der Dokumentation von Craig und Upton Sinclair, dann gibt es die optische Wahrnehmung ohne Verwendung der Augen, also Hellsehen, wirklich. Die Kommentare Craigs zeigen dabei, dass Hellsehen und Telepathie, also Fernübertragung von Gedanken, eng miteinander verwoben sind. Die Berichte über Nahtod-Erfahrungen bestätigen dies. Die neurobiologische Doktrin, nach der so etwas nicht existieren darf, kann demnach ad acta gelegt werden. Auf die Hirnforschung kommt eine neue Entwicklung zu. Der australische Hirnforscher und Nobelpreisträger John Eccles hat in einem der letzten Bücher, die er vor seinem Tod geschrieben hat, auf die Notwendigkeit hingewiesen, Quantenphysik in die Neurobiologie einzuführen. Der englische Physiker Roger Penrose, Lehrer von Stephen Hawking, hat in seinem Buch „Schatten des Geistes" Wege gezeigt, auf denen das möglich werden könnte.[5] Das veränderte Bild, das wir heute in der Physik von Raum, Zeit und Materie haben – das ist meine Überzeugung –, birgt einen Schlüssel, mit dem wir auch Türen zu einem besseren Verständnis von Phänomenen wie Hellsehen und Telepathie aufschließen können.

Von einer naturwissenschaftlichen Einordnung des Phänomens Hellsehen ist es dann allerdings noch ein großer Schritt, das Außer-Körper-Erlebnis insgesamt zu verstehen. Dass der Nahtod-Betroffene, der sich im Raum schwebend erlebt, effektiv Dinge sehen kann, spricht für den Realgehalt dieses Erlebens insgesamt. Welche Rolle jedoch sein Ich-Erlebnis, auch die Wahrnehmung einer Körperlichkeit, dabei spielt, bleibt offen. Wo die Grenze zwischen traumartigen Vorgängen und ungewöhnlichen, aber realen Wahrnehmungsvorgängen liegt, wissen wir

5 Vgl. Penrose, R. (1995).

nicht. Ähnliches ist über das ekstatische Lichterlebnis in Nahtod-Erfahrungen zu sagen.

Kommen wir auf die Beobachtungen zurück, die von blinden Menschen berichtet werden, die ein Nahtod-Erlebnis hatten. Ring und Cooper begaben sich in den USA auf eine systematische Suche nach solchen Personen und fanden 21 Frauen und zehn Männer im Alter zwischen 22 und siebzig Jahren, die entweder ein Nahtod-Erlebnis oder wenigstens eine Außer-Körper-Erfahrung hatten. Das Erlebnis einer ausgiebigen Befragung fiel deutlicher aus als erwartet: 24 der 31 Betroffenen gaben an, gesehen zu haben, vier waren unsicher, drei hatten visuell nichts wahrgenommen. Dreizehn der Angesprochenen sind seit der Zeit ihrer Geburt blind, davon zwei seit der Geburt selbst, die anderen gehören zu den 50 000 Amerikanern, die in den fünfziger Jahren nach einer Frühgeburt im Brutkasten erblindet sind, weil man damals nichtsahnend die Brutkästen mit reinem Sauerstoff beschickte und erst später bemerkte, dass dadurch der Sehnerv vollständig vernichtet werden kann.

Natürlich stellt sich zunächst die Frage, ob blinde Menschen nicht ohnehin im Traum sehen können. Hierauf geben mehr als 100 Jahre Blindenforschung eine klare Antwort: Menschen, die vor dem vierten Lebensjahr erblindet sind, sehen auch beim Träumen nicht. Ihre Seherlebnisse in Nahtod-Erfahrungen sind also schon außergewöhnlich. Hinzu kommt aber, dass seit der Zeit der Geburt blinde Personen nicht einmal bruchstückhaft wissen, was „sehen" überhaupt bedeutet. Es ist sehr bewegend, in der Wiedergabe von Gesprächen durch Ring und Cooper mitzuerleben, wie Blinde vom Sehen in der Nahtod-Erfahrung überrascht werden und oft nur indirekt in Sprache umsetzen können, was sie erlebt haben. Bei ihnen wird besonders deutlich, was auch bei anderen Nahtod-Betroffenen zu beobachten ist: Das Sehen verbindet hellseherische und telepathische Elemente, ähnlich wie es aus den Berichten von Craig Sinclair hervorgeht. Ring und Cooper sprechen von einem „transzendenten Sehen"[6].

Möglicherweise trägt zum Verstehen dieses Phänomens ein Gedanke bei, der auf Sigmund Freud, den Urvater der Psychoanalyse, zurückgeht. Freud, der eigentlich ein eher materialistisches Menschenbild hatte, wehrte sich lange dagegen, Telepathie und Hellsehen als reale Phänomene anzuerkennen, änderte aber schließlich seine Meinung. Er gab sogar zu bedenken, ob nicht in der Evolution Telepathie die ursprüngliche Form der Kommunikation gewesen sei, die erst allmählich durch Zeichengebung und Sprache abgelöst wurde. Möglicherweise sei sie in Insektenstaaten noch vorhanden. Das würde erklären, warum Termiten, die blind sind, eindrucksvolle Bauten erstellen können, bei denen, ähnlich wie im Brückenbau, von zwei Seiten aus Bögen errichtet werden, die schließlich genau zusammenpassen.[7] Auch bei Ratten und bei Hunden hat man Beobachtungen angestellt, die auf Telepathie hinweisen.[8]

Wenn es nun stimmt, dass Telepathie und Hellsehen tief in der Evolution verankert sind, dann liegt es nahe zu fragen, ob dies nicht auch für die Grundmuster der Nahtod-Erfahrungen der Fall ist. „Grundmuster" nennen wir dabei die Bausteine von Nahtod-Erlebnissen, die immer wiederkehren, wie man beobachtet hat, unabhängig vom Alter, Geschlecht, Rasse, Kultur und sogar Religion, also etwa Außer-Körper-Erfahrung, Tunnel, Lichterlebnis und

6 Cooper/Ring (1997).
7 Freud (1991), 57–58.
8 Hierzu ist inzwischen eine überzeugende Dokumentation von R. Sheldrake (1999) erschienen.

Panorama. Die Ausfüllung im Einzelnen ist individuell, beispielsweise die Wahrnehmung dessen, was im Operationssaal geschieht, oder die Personen, denen man im Lichterlebnis begegnet. Diese Bausteine sind den „Archetypen" vergleichbar, wie sie der Tiefenpsychologe C.G. Jung eingeführt hat, Urbilder, die allen Menschen gemeinsam sind, wenn sie sich auch unterschiedlich auswirken. Von Verhaltensmustern, die allen Menschen gemeinsam sind, wie Instinkt- und Triebverhalten, nimmt man aber an, dass sie im Erbgut des Menschen gespeichert, oder wie man heutzutage sagt, im genetischen Code programmiert sind. Eine These der neueren Nahtod-Forschung lautet also: Die Grundmuster von Nahtod-Erfahrungen sind im genetischen Code gespeichert.

Damit aber erscheint das sogenannte Todesprogramm im genetischen Code in einem neuen Licht. Bisher sah man es nur unter dem Gesichtspunkt des „Platzmachens" in der Evolution. Da Evolution auf die Höherentwicklung der Art, nicht des Individuums, gerichtet ist, spielt der Einzelne nur eine Rolle als „Probierobjekt". Man kann auch unabhängig von unserem Thema die Frage stellen, ob sich der Mensch wirklich nur dadurch von anderen Lebewesen unterscheidet, dass er weiß, als Einzelner Wegwerfware, Probiermaterial der Evolution zu sein. Die Nahtod-Forschung legt eine Alternative nahe, wenn auch nicht als Forschungsergebnis, so doch als mögliche und nahe liegende Interpretation: Im Todesprogramm ist eine Vorbereitung für ein Leben nach dem Tod enthalten. Wo dieses Leben stattfindet, ist uns verborgen. Aber auch in der Physik ist heute der Gedanke eines Jenseits nicht mehr tabu. Wir erhalten keinen Einblick in das Jenseits – ich betrachte Nahtod-Erfahrungen nicht als Jenseitsreisen –, finden aber Hinweise darauf, dass unser Leben hier nicht abgeschlossen ist.

Was bedeutet das nun konkret für Menschen, die ohnehin an die christliche Lehre von der Auferstehung glauben? Merkwürdigerweise tut sich die Theologie sehr schwer, an dieser Stelle das Gespräch mit Naturwissenschaftlern zu führen, teilweise aus Angst, in die Nähe esoterischer Vorstellungen geraten zu können. (Es dürfte deutlich geworden sein, dass unsere Betrachtungen nichts mit Esoterik zu tun haben.) Schlimmer noch ist, dass sich Menschen mit Nahtod-Erlebnissen, die ihre Anschauung über Tod und Leben nach dem Tod verändert haben, von ihrer Kirche im Stich gelassen fühlen, oft verschweigen, was sie erlebt haben. Besonders der intellektualisierte Protestantismus hat wenig Gespür für die Notwendigkeit religiöser Tiefenerlebnisse. Die Rede von Auferstehung bleibt oft sehr abstrakt oder wird als mythische Einkleidung von innerweltlicher Hoffnung verstanden.[9]

Legt man einmal den Kinderglauben ab, die Natur sei in ihrem Ablauf nur durch Naturgesetze bestimmt, dann verbindet sich der Blick über den Tod hinaus mit der konkreteren Hoffnung auf ein Leben nach dem Tod, das naturwissenschaftlich gesehen möglich, naturphilosophisch betrachtet sinnvoll und in der biblischen Botschaft verkündet ist.

Im nächsten Kapitel stellen wir unsere Vorstellungen von einem Leben nach dem Tod einem anderen Versuch gegenüber, den christlichen Auferstehungsglauben naturwissenschaftlich zu deuten, dem des Astrophysikers Frank Tipler.

---

9 Eine erfreuliche Ausnahme bildet das inzwischen erschienene Buch über Auferstehung von Jörg Zink (1999), ebenso das Werk von Jürgen Moltmann (1995).

Physik der Unsterblichkeit?

1. Frank Tiplers Thesen

Lässt man das Fragezeichen in unserem Thema weg und setzt noch den bestimmten Artikel davor, so ergibt sich der Titel eines Buches des amerikanischen Astrophysikers Frank Tipler: „Die Physik der Unsterblichkeit"[1]. Vor einigen Jahren stand es auf Bestsellerlisten. Interessanterweise beruft sich Tipler in theologischer Hinsicht auf den Münchener Theologen Wolfhart Pannenberg.

Ich referiere das Buch kurz mit seinen wichtigsten Thesen, um mich dann den aufgeworfenen Fragen im Grenzbereich von Naturwissenschaft und Theologie unmittelbar zuzuwenden. Unabhängig davon, wie man mit Tiplers Aussagen umgeht: Das Buch ist anregend. Pannenberg spricht in einer Rezension davon, dass es ein Tabu bricht und unvoreingenommen theologische Inhalte in die Denkwelt der Physik hineinträgt.

Tipler beschreibt einen möglichen Verlauf der kosmischen Zukunft. Sein Opus liest sich wie ein Science-fiction-Roman. Ohne Übertreibung kann man sagen, dass es eine wissenschaftliche Theorie präsentiert, die die Phantasie vieler Science-fiction-Autoren als kleinere Kleckerei erscheinen lässt: Die Menschheit bricht auf, den Kosmos zu erobern, nicht nur Sonnensystem und Milchstraße, sondern jenen weiten Raum, der nach heutiger Vorstellung zwar unermesslich, aber nicht unendlich ist. Seit dem sogenannten Urknall vor etwa 20 Milliarden Jahren dehnt sich der Kosmos wie ein Luftballon mit dreidimensionaler Oberfläche aus. Sterne und Milchstraßen, von denen

1 Tipler, F. J. (1994)

es Milliarden gibt, streben voneinander weg mit einer Geschwindigkeit, die man messen kann mit Hilfe der sogenannten Rotverschiebung im Spektrum. Der „Luftballon" kann dabei nicht „platzen", weil er nicht aus gummiartiger Materie im Raum besteht, sondern den Raum selbst darstellt als ein in sich gekrümmtes Gebilde. Die Frage der Kosmologen ist aber, ob sich der Ballon Weltall immer weiter ausdehnt oder sich eines Tages wieder zusammenzieht, vielleicht sogar als Urknall rückwärts wie eine gewaltige Implosion ins Nichts verschwindet. Eine der Theorien besagt, dass nach ungefähr 10 000 Billiarden Jahren die Expansion des Weltalls in Kontraktion umschlägt. Diese Theorie legt Tipler zugrunde und meint, es bestehe ausreichend Zeit, dass die Menschheit die Kontrolle über das weitere Schicksal des Kosmos an sich reißt.[2]

Wie soll das möglich sein? Tipler malt aus, wie sich im Laufe der nächsten Milliarden von Jahren – er denkt in großen Zeiträumen – Weltraumraketen und kosmische Inseln lawinenartig ausbreiten werden. Sogenannte Neumann-Sonden bilden die *frontier* des großen kosmischen Trecks. Sie bewegen sich, angetrieben durch Materie-Antimaterie-Annihilationsraketen, mit 90% der Lichtgeschwindigkeit, tragen Fabriken und Roboter mit sich und sind in der Lage, Kopien ihrer selbst aus der kosmischen Materie zu produzieren. (Dass so etwas denkbar ist, hat sich einmal der Mathematiker von Neumann überlegt.)

Tipler rechnet vor, dass es die Menschheit auf diese Weise schafft, den Planeten Erde zu räumen, ehe ihn die erkaltete Sonne nach etwa sieben Milliarden Jahren als „roter Riese" verschluckt. Sie vermag also das Leben auf der Erde in den Weltraum zu retten und in einem Unfang

---

2 Inzwischen haben kosmologische Untersuchungen ergeben, dass das Universum nicht wieder kollabiert.

zu vermehren, dass am Ende ein mit Bio-Inseln gefüllter Weltraum entsteht. Die von immer stärkeren Supercomputern gesteuerten galaktischen Maschinen verhindern, dass Organismen und damit die Menschen dem „Wärmetod" preisgegeben sind. Sie saugen den Staub der zerfallenden Gestirne auf und verwandeln ihn in lebenerfüllte Raumstationen. Schließlich wird die mit technischen Superhirnen ausgestattete Menschheit in der Lage sein, den Ballon Weltall so im Gleichgewicht zu halten, dass Leben – gemäß Zeiterleben in der Nähe eines schwarzen Loches – unbegrenzt weiterbestehen kann.

Tipler hat mit seiner kosmologischen Zukunftsvision in der wissenschaftlichen Astrophysik Beachtung und Anerkennung gefunden. Sein Denkmodell enthält zwar viele problematische Annahmen. Aber das ist bei Universalmodellen immer der Fall. Das Modell besticht durch seine Geschlossenheit und die Möglichkeit, den Wärmetod zu verhindern. Man könnte also Tiplers Beitrag zur Erforschung der kosmischen Entwicklung zur Kenntnis nehmen und ad acta legen.

Aber das Buch ist nicht zu Ende. Jetzt fängt die *story* erst richtig an, der Vorhang geht auf zum zweiten Akt des Weltendramas.

Die geballte Intelligenz der kybernetischen Maschinen und menschlichen Gehirne hat in einem Umfang Informationen hervorgebracht, dass daraus eine Art Superhirn, ein allmächtiger Computer entsteht. In Billionen von Jahren hat sich die kosmische Intelligenz zu einem Wesen verdichtet, das Tipler in Anlehnung an Teilhard de Chardin Omegapunkt nennt. Wenn Tipler auch die Lehre Teilhards ablehnt, so schafft er doch eine Art biotechnische Konkretion des kosmischen Christus, wie ihn der französische Jesuit vor einigen Jahrzehnten dargestellt hat.

Omegapunkt, so Tipler, ist nicht nur in der Lage, alles Wissen der Gegenwart in sich zu vereinen, sondern auch das Wissen aller Zeit davor. Noch mehr: Omegapunkt trägt die Züge eines Schöpfergottes. Herr/Frau Omegapunkt, wie Tipler sagt, kann die Toten aller Phasen der Menschheitsgeschichte auferwecken. Die Methode, die er/sie hierbei verwendet, ist aus dem Computerwesen bekannt: Simulation. Von jedem Menschen, der einmal gelebt hat, wird ein maßgerechtes Programm erstellt, mit sämtlichen angeborenen und erlernten Eigenschaften, also insbesondere dem Gedächtnis, das im Gehirn gespeichert ist. Das Programm ist so perfekt, dass der durch es wiederbelebte Mensch Selbstbewusstsein hat und gar nicht merkt, dass er *software* ist und keine „bioware". Seine ehemaligen Mitmenschen erleben ebenfalls eine programmierte Auferstehung, und das Leben geht – auf Simulationsbasis – weiter. Eine perfekte Simulation wird auch Emulation genannt, und Tipler fasst zusammen: „Dies ist nun der physikalische Mechanismus der individuellen Auferstehung: Wir werden in den Computern der fernen Zukunft emuliert."[3] Wir leben dann in einem „kybernetischen Raum", in einer „virtuellen Realität", die wir subjektiv nicht mehr von unserer ursprünglichen Wirklichkeit unterscheiden können.

Omegapunkt meint es dabei gut mit uns. Dem auferweckten Menschen wird eine Welt geboten, die der unseren zwar ähnlich ist, aber ohne jegliche Schattenseite. Der Himmel, der uns erwartet, quillt über von sinnlichen Genüssen; das Schlaraffenland ist Hungergebiet dagegen. Jeder Mann zum Beispiel kann sich „nicht nur mit der schönsten Frau der Welt paaren […], sondern sogar mit der schönsten Frau, deren Existenz logisch möglich ist"[4].

3 Tipler, aaO. 273.
4 AaO. 315.

Gegebenenfalls muss der Mann jedoch vorher, um auch der Hübscheste zu sein, im Fegefeuer persönliche Defekte beheben lassen.

Und so gibt der Autor ohne Hemmungen eine Deutung biblisch-theologischer Begriffe, nicht als Spott oder Parodie, sondern als ernst gemeinter Versuch, christliche Religion als Naturwissenschaftler zu verstehen. Selbst der Heilige Geist gehört dazu: Er ist nach Tipler die universelle Wellenfunktion im Sinne der Quantentheorie.

2. Pannenbergs Reaktion

Hier sei nun angemerkt, dass Tiplers Vorstellung von individueller Auferstehung mit Physik nichts mehr, aber auch gar nichts mehr zu tun hat. Beispielsweise ist zu fragen, wie der Supercomputer Omegapunkt an die Daten kommt, die ein Menschenleben gekennzeichnet haben. Auch wenn mein Körper gelegentlich am Badestrand bei blauem Himmel optische Signale in den Weltraum entlässt: Diese Daten dürften weder nach einer Minute noch nach einer Billion Jahren zur Rekonstruktion meiner Organe und schon gar nicht meines Gehirns ausreichen. Ohne Daten kann aber auch der leistungsfähigste Computer nichts machen. Oder nimmt Tipler doch eine Speicherung unserer Lebensdaten in einem der Physik bisher verborgenen Medium an? Er äußert nichts dergleichen und würde auch seinem Versuch untreu, lediglich mit gängigen physikalischen Vorstellungen die Weltzukunft zu beschreiben.

Erst recht ist natürlich Tiplers Umgang mit theologischen Begriffen mehr als problematisch. Er versucht – von einem bewusst atheistischen Standpunkt aus –, theologische Grundgedanken Pannenbergs mit seiner Omegapunkttheorie in Einklang zu bringen, ja er sieht sich von

Pannenberg zu vielen seiner Gedanken angeregt. Er betreibt in gewisser Weise säkularisierte Gotteswissenschaft. Um das an einigen Punkten zu erläutern:

Für Pannenberg findet – im traditionell christlichen Sinn – unser jetziges Leben seine Erfüllung erst in der Auferweckung der Toten, die als konkret zukünftig zu denken ist. Naturwirklichkeit und Gotteswirklichkeit sind nicht voneinander getrennte Welten, die mit nicht miteinander zu vereinbarenden Begriffen beschrieben werden. Vielmehr ist unser Kosmos erweitert zu denken. Die Information, die „software", die jedes Individuum ausmacht, entsteht zwar in der „hardware" unseres jetzigen Lebens, ist aber nicht daran gebunden. „Das Leben, das in der Auferstehung von den Toten erwacht", so Pannenberg, „ist jedenfalls ... dasselbe wie das Leben, das wir jetzt auf Erden führen. Aber es ist unser jetziges Leben so, wie es Gott sieht aus seiner ewigen Gegenwart. Daher wird es auch wieder ganz anders sein, als wir es jetzt erleben. Und doch ereignet sich in der Totenauferstehung nichts anderes als das, was die ewige Tiefe der Zeit bereits jetzt ausmacht und was für die Augen Gottes – für seinen Schöpferblick! – bereits jetzt Gegenwart ist."[5]

Was Pannenberg „Gott" nennt, wird von Tipler als „Omegapunkt" bezeichnet. Er sieht in der Emulation, der computersimulierten Auferweckung des Menschen, genau die von Pannenberg angesprochene Identität unseres jetzigen und unseres auferweckten Lebens. Tipler übergeht dabei, dass der Schöpfergott im Sinne Pannenbergs schon jetzt Gegenwart ist, während Omegapunkt erst in ferner Zukunft des Universums entsteht. Aber er beruft sich dabei auf eine andere Äußerung Pannenbergs, in der Pannenberg vom werdenden Gott spricht: „Jesus verstand

---

5 AaO. 272.

Gottes Anspruch auf die Welt ausschließlich als den Anspruch seiner kommenden Herrschaft ... Das impliziert, dass in gewissem Sinne Gott noch nicht ist. Wenn seine Herrschaft und sein Sein zusammengehören, so ist Gottes Sein wie seine Herrschaft noch nicht gekommen."[6] In der Tat stehen derartige Sätze Pannenbergs – wenn auch durch den Zusatz „in gewisser Weise" abgeschwächt – in Spannung zur Rede vom ewigen und präsenten Schöpfergott. Man kann fragen, ob die Theologie überhaupt jemals mit dieser begrifflichen Spannung zurechtkommen wird. Für Tipler gibt es jedenfalls diese Spannung nicht, Gott und Omegapunkt sind ein und dasselbe. Er findet noch einen dritten Anknüpfungspunkt bei Pannenberg:

„Der Theologe Wolfhart Pannenberg vertrat in einigen Abhandlungen die Ansicht, dass ein unentdecktes physikalisches Feld existiere, ein alles durchdringendes physikalisches Feld, das man als eine transzendente Quelle des Lebens betrachten könne. Ich behaupte, dass die universelle Wellenfunktion, die der Omegapunktrandbedingung unterliegt, sehr wohl dieses Feld sein könnte."[7] Und er fügt wenig später hinzu: „In der biblischen Tradition ist diese lebensspendende Kraft der Heilige Geist. Ich schlage also ... vor, dass wir die universelle Wellenfunktion, die der Omegapunktrandbedingung genügt, mit dem Heiligen Geist gleichsetzen."[8] Dann ist für Tipler wieder alles klar. Zwar ist die Wellenfunktion, mit der man in der Quantenphysik Materie und deren Veränderung beschreibt, ein schwieriger Begriff. Aber er ist eines der erfolgreichsten mathematischen Instrumente, die die moderne Physik hervorgebracht hat. Nach Tipler ermöglicht er sogar eine mathematische Theorie des Heiligen Geistes.

6 AaO. 27.
7 AaO. 232.
8 AaO. 233.

Bei einer solchen Vereinnahmung gerät das Ringen Pannenbergs um eine sprachliche, begriffliche Fassung von Gotteswirklichkeit in der Welt in den Hintergrund. Das „unentdeckte physikalische Feld" ist dabei ein Hilfsbegriff; seine Festlegung auf eine Schrödingersche Wellenfunktion löst die gestellten Fragen nicht.

Pannenberg vesucht trotz notwendiger Kritik an Tiplers Auferstehungsmodell eine gemäßigt positive Würdigung. In einer Rezension des tiplerschen Buches im Rheinischen Merkur/Christ und Welt 1994 schreibt er: „Die Ausführungen Tiplers zu einer künftigen Auferstehung der Toten sind besonders bemerkenswert in einer Zeit, in der die christliche Zukunftshoffnung meistens als unvereinbar mit dem modernen naturwissenschaftlichen Weltbild beurteilt wird. Theologen, die um der Anpassung der christlichen Lehre an das Weltverständnis der säkularen Kultur willen die christliche Osterbotschaft von der Auferstehung Jesu preisgeben, müssen sich in Zukunft fragen lassen, ob sie nicht allzu sehr einem überholten physikalischen Weltbild verpflichtet sind. Wie immer man über Tiplers Argumentationen im Einzelnen urteilt: Die Tatsache, dass ein Physiker, der sich ... als Atheist bezeichnet, hier mehr Möglichkeiten im Rahmen eines modernen Naturverständnisses sieht als viele Theologen, sollte die Theologenzunft mit ihrem verbreiteten Kleinmut im Verhältnis zur biblischen Zukunftsverheißung beschämen."

3. Unsterblichkeit als naturphilosophisches Postulat

Dem kann ich voll zustimmen, und ich möchte an diese Bemerkung Pannenbergs bei unseren folgenden Betrachtungen anknüpfen.

Eine erste Frage ist methodischer Art: In der Wissenschaft hat man lange Zeit die Grenzfragen von Naturwissenschaft und Theologie methodisch unter den Teppich gekehrt: Man sagte: Die Naturwissenschaften sind für die Materie und die biologischen Organismen zuständig, Geisteswissenschaften und insbesondere Theologie für geistige Prozesse, beispielsweise für die Frage der Gottesbeziehung. Dass diese Trennung eine Verschleierung der Probleme darstellt, wird durch die neuere Entwicklung der Naturwissenschaften immer deutlicher, in doppelter Hinsicht. Zum einen dringen Gehirnforschung, kognitive Psychologie, Computermodelle des Geistigen immer tiefer in die geisteswissenschaftlichen Gefilde vor und untergraben die Vorstellung, man könne die geistige Welt unabhängig von ihrer materiellen Basis verstehen. Zum anderen verdeckt die methodische Trennung, dass die neuere Entwicklung der physikalischen und biologischen Forschung ein umfassendes philosophisches Verständnis ihrer Grundlagen herausfordert und für Grenzfragen zur Theologie hin offener ist, als weithin angenommen wird.

Ich werde versuchen, das an einigen Stellen zu begründen. Zunächst aber sei die zweite, inhaltliche Frage formuliert, die sich neben der methodischen stellt:

Inwiefern ist die Vorstellung einer konkreten Unsterblichkeit, einer Auferstehung der Toten noch aktuell? Haben wir uns nicht – auch in der christlichen Theologie – längst daran gewöhnt, dass man die Rede von der Auferstehung nicht allzu wörtlich nehmen sollte? Oder noch weiter gehend: Man hat in der Geschichte des Christentums immer wieder die Vertröstung auf ein Jenseits missbraucht als Ausrede, wo man die Verhältnisse hätte ändern müssen. Heute interessieren wir uns mehr für ein Leben vor dem Tod und für den Beitrag, den das Evangelium dazu leisten kann.

Zugegeben: Man hat die Jenseitsvertröstung miss-braucht, und man hat viel zu wenig die Botschaft der Zuwendung, der Vergebung, der Liebe, wie sie Jesus in die Menschheit hineingetragen hat, herausgestellt. Aber ich denke, wir haben genügend Abstand von diesem Aspekt, um uns nicht den Weg zur Bedeutung von Wei-terleben nach dem Tod und Auferstehung verbauen zu lassen.

Ich gehe so weit zu behaupten: Die konkrete Unsterb-lichkeit des Menschen ist nicht nur ein theologisches Po-stulat, sie ist eine naturphilosophische Forderung, will man ein der Würde des Menschen angemessenes Menschen-bild formulieren. Gäbe es nicht die christliche Lehre von der Auferstehung der Toten, man müsste sie erfinden, um der Menschenwürde gerecht zu werden. Die je eigene Iden-tität eines Menschen, sein Ich-Bewusstsein, seine Indi-vidualität verlangen nach Dauer, nach Unauslöschlich-keit. Wir finden uns nicht damit ab, dass man die Hoff-nung des Menschen auf eine bessere Zukunft seiner Kin-der oder der menschlichen Gesellschaft reduziert. Diese Art von Vertröstung zog weder im Kommunismus, noch ist sie in einem materialistischen Naturverständnis befrie-digend.

Es gibt sicherlich Ausnahmen. Man mag es sogar als ein sinnvolles Ziel ansehen, dass man dem Menschen zu einem sinnvollen Leben verhilft, so dass er „lebenssatt" sterben kann. Selbst wenn dieses Ziel erreichbar ist: Was nützt es denen, die kein erfülltes Leben haben? Was ist mit den Kindern, die in einem Slum am Rande von Kal-kutta oder bei einer Hungersnot in der Sahara umkom-men? Sind sie Wegwerfware der Gattung Mensch, sollen wir sie vergessen angesichts der wohlhabenden und privi-legierten Exemplare dieser Gattung, die ein erfülltes Le-ben leben können?

Nein, kein Mensch ist Wegwerfobjekt. Nimmt man die Identität eines jeden Menschen ernst, so stellt man Unerfülltheit und Ausrichtung auf Erfüllung fest. Über der Geschichte des Menschen liegt der Hauch des Vorläufigen, des in der Zukunft noch nicht Enthüllten. Das ist das, was wir Hoffnung nennen. Der Philosoph Ernst Bloch, der sich Atheist nannte und gegen eine falsche „Jenseiterei" zu Felde zog, wurde einmal kurz vor seinem Tode gefragt, was er über ein Leben nach dem Tod denke. Er sagte, er sei nun auch noch gespannt, was nach dem Tod komme. Eigentlich war das konsequent für einen Denker, der die Würde des Unterdrückten thematisierte und leidenschaftlich nach einem Sinn dessen, was ist, in dem suchte, was noch nicht ist.

Die Gefahr, ein derartiges Menschenbild als Ablenkung vom Diesseits zu missbrauchen, schwindet in dem Maße, wie man ein Leben vor dem Tod und ein solches nach dem Tod in Zusammenhang bringt. Es geht nicht darum, von einer „Seele" zu reden, die einmal dem Menschen mitgegeben wurde und die ihn, unberührt von allen Niederungen des Lebens, unabhängig von allen Taten und Erfahrungen des Gastkörpers, beim Tode wieder verlässt. Vielmehr geht es um die Bewahrung all der Informationen, die die Identität eines Menschen konstituieren. Dazu gehören seine Fähigkeiten, sein Wissen, seine Handlungen, seine Sehnsüchte. Selbst wenn ein alter Mensch noch einmal die Schulbank oder die Hörsaalbank drückt, so ist das nicht Vertreiben von Langeweile, sondern Erwerb von Wissen, das bleibt. Was jemand erlernt hat, ist Teil seiner Identität. In der Theorie des Menschen, von der wir hier reden, bleibt es über den Tod hinaus erhalten.

Nun stellt sich die Frage, ob eine so unmittelbare Vorstellung von Unsterblichkeit nicht dem naturwissenschaftlichen Weltbild, wie es allgemein unter Wissenschaftlern akzeptiert ist, widerspricht. Damit sind wir bei der methodischen Frage, die wir als erste gestellt haben. Ist es sinnvoll, das Unsterbliche im Menschen in einer Terminologie zu beschreiben, die Physik und Theologie, Biologie und Philosophie gleichermaßen verwenden?

Gewiss, Natur- und Geisteswissenschaften werden im Allgemeinen von verschiedenen Aspekten des Menschen in veschiedenartigen Begriffen reden. Das gilt aber auch für das Alltagsleben oder für Wissenschaften sonst. Wenn man von einem heißblütigen Menschen spricht, bedeutet das nicht, dass man das Maß seines Jähzorns in Grad Celsius ausdrücken will. Und die chemischen Formeln für Eiweißmoleküle können mit Begriffen wie „Freundlichkeit" oder „Charakterstärke" nichts anfangen. Aber das zugrunde liegende Objekt „Mensch" ist für Biochemie, Psychologie und Theologie dasselbe. Die psychosomatische Medizin macht den tiefen Zusammenhang zwischen den verschiedenen Sichtweisen deutlich. So ist also zu fragen, ob es sich bei dem Unsterblichen im Menschen nur um eine Sprechweise handelt, die mit einem erweiterten physischen Sein des Menschen nichts zu tun hat, oder ob das doch der Fall ist. Viele Theologen begnügen sich mit Redewendungen wie „Aufgehoben-Sein in der Hand Gottes", „Gott ist unsere Ewigkeit". Was ist damit wirklich gemeint? Kommt noch etwas, wenn das biologische Licht erloschen ist? Bleibt die Personalität, Individualität, Identität des einzelnen Menschen erhalten? Metaphorische Sprechweisen helfen da nicht weiter.

4. Raum – Zeit – Materie

Um die Denkmöglichkeiten für eine Fortexistenz über den Tod hinaus auszuloten, führen wir uns zuerst einige der neueren Erkenntnisse über Zeit, Raum und Materie vor Augen, das große Dreigestirn der Physik.

a) Zeit. Mir scheint, dass bei vielen Diskussionen über natur- und geisteswissenschaftliche Methode die Rolle der Zeit unterbewertet wird. Immer dann, wenn wir – im Alltag oder in der Wissenschaft – einen Satz formulieren und ein Verb benutzen, setzen wir Zeit voraus, ein „Vorher" und ein „Nachher". Wenn wir sagen, „die Zeit steht still", so meinen wir: „Es verändert sich nichts in der Zeit." Man hält vielleicht den Atem an, wie in der Generalpause vor dem Schlussakkord einer Symphonie: Dirigent und Musiker sind für Sekunden wie erstarrt. Aber nicht die Zeit steht still, sondern der Dirigent; Orchester und Publikum sitzen still. Der Mangel an Veränderung ist eine Festellung in der Zeit. „Veränderung" und „keine Veränderung" sind zeitliche Begriffe, sie haben ohne Zeitablauf keinen Sinn.

Auch wenn wir von einem „Tun" Gottes reden, nehmen wir an, dass Gott in der Zeit ist und nicht jenseits der Zeit. Manchmal wird die „Ewigkeit" Gottes als „Zeitlosigkeit" Gottes verstanden. Das ergibt jedoch sprachlich keinen Sinn, gleichgültig, ob wir bildhaft oder direkt reden. Denn bei einer bildhaften Darstellung wird immer Zeit mit abgebildet.

Hier liegt der tiefere Grund für die Schwiergkeit, dass die Rede von Gott immer die Rede von einem werdenden Gott ist. Pannenberg spricht nur aus, was verborgen in jedem Begriff von Gott impliziert ist. Auch der Ausdruck „allwissender Gott" ändert daran nichts: Wenn Gott alles weiß, was geschehen wird, so ist auch alles festgelegt. Dann verbirgt sich im Gottesbegriff eine starre Kausalität – ganz im Widerspruch zur beabsichtigten Rede über Gott.

Ein Physiker braucht angesichts derartiger Widersprüche nicht mit Verachtung auf Theologen herabzusehen.

In der Physik sind die Schwierigkeiten mit dem Zeitbegriff ähnlich. Solange wir Vorgänge in kurzen Zeiträumen beschreiben, können wir Zeit in einem linearen Zeitparameter erstarren lassen. Bei großen Zeiträumen oder hohen Geschwindigkeiten treten merkwürdige Verzerrungen auf. Einsteins spezielle Relativitätstheorie hat die Dehnbarkeit der Zeit in Abhängigkeit vom Bewegungszustand aufgedeckt und eine unlösbare Einbindung der Zeit in den Raum herausgefunden. Zeitstillstand ist in der Physik ein theoretischer Grenzfall, wenn man sich Materie mit Lichtgeschwindigkeit bewegt denkt. In neueren mathematisch-physikalischen Theorien der Kosmologie spielt man sogar mit der Möglichkeit, über Zeitstillstand hinaus Zeit umzukehren, sozusagen in die Vergangenheit vorzudringen. Science-fiction-Autoren haben derartige Theorien begierig aufgegriffen und Zeittunnels wie unterirdische Gänge von Bankräubern thematisiert. Unter Physikern scheint sich jedoch die Überzeugung durchzusetzen, dass mit derartigen mathematischen Modellen zu große Widersprüche verbunden sind, um sie auch in korrigierter Form zur Beschreibung physikalischer Vorgänge verwenden zu können. Es ist schon fast amüsant, in manchen populärwissenschaftlichen Publikationen darüber zu lesen, was alles passiert, wenn die Zeit still steht, kurz vor dem Trip in die Vergangenheit. Das ist bereits sprachlich ein Unfug, weil Ereignisse immer Ereignisse in der Zeit sind.

Dasselbe Problem tritt auf, wenn man vom Urknall redet, mit dem unser ganzes kosmisches Sein begonnen hat. Dieser Beginn soll auch ein Beginn von „Zeit" sein. „Beginnen" ist aber ein Verb und drückt somit ein Ereignis in der Zeit aus. Deshalb ist es in sich widerspruchsvoll, von einem Beginn der Zeit zu reden. An dieser Stelle bleibt die Urknalltheorie unbefriedigend.

Fassen wir das über die Zeit Gesagte zusammen: Alles, was Physik und Theologie über Gott und die Welt sagen, ist in die Zeit eingebunden, und zwar in die physikalische Zeit, ohne die wir Ereignisse, geistige und materielle, gar nicht zu denken vermögen. Beide, Physik und Theologie, stoßen damit an Grenzen der Aussagbarkeit, ohne sich deshalb auf einen Verzicht von Aussagen überhaupt zurückziehen zu müssen. Alle Aussagen beziehen sich auf eine Wirklichkeit, die Kosmos, Natur und, wenn es so etwas gibt, das „Jenseits" umfasst.

b) Raum. Welche Rolle spielt hierbei der Begriff des Raumes? Zunächst kann man pauschal als eine Konsequenz aus Einsteins Relativitätstheorie festhalten: Raum und Zeit sind unlösbar als „Raumzeit" miteinander verbunden. Deshalb können Aussagen in der Zeit nicht vom Raum abgetrennt werden.

Wenn wir also so etwas wie „Jenseits" in unseren Wirklichkeitsbegriff einbeziehen, suchen wir nach einer adäquaten Beschreibung des räumlichen Aspekts von „Jenseits". Wenn also „Jenseits" nicht ein fiktiver Begriff sein soll, sondern ein Begriff der erweiterten Physik, dann können wir ihn schon aus sprachlichen Gründen nur raumzeitlich formulieren. Im Rahmen der klassischen Physik wäre das kaum denkbar. Die gegenwärtige Physik hat jedoch unsere Raumvorstellung in zweifacher Hinsicht entscheidend verändert.

Einmal durch Einsteins allgemeine Relativitätstheorie: Raum ist nicht mehr das im naiven Sinn geradlinig sich ins Unendliche erstreckende Etwas, in dem wir leben. Der physikalische Raum ist ein krummes Gebilde, vielleicht hyperkugelförmig wie der schon genannte dreidimensionale Ballon oder wie das dreidimensionale Gegenstück zur zweidimensionalen Oberfläche eines Autoschlauchs, vielleicht noch komplizierter. Dabei besteht vorstellungsmäßig die Schwierigkeit, dass man sich zwar eine krumme Fläche stets im geraden Raum denkt (bezüglich dessen sie ja gekrümmt ist), der Kosmos jedoch nicht als Gebilde in einem euklidischen vierdimensionalen Raum angesehen wird. Mathematisch macht das wenig Probleme, und Physik spielt sich hier in mathematischen Strukturen ab. Dabei ist natürlich eine Bedingung, dass in kleinen Raumbereichen unsere gewöhnliche Vorstellung mit den mathematischen Gebilden übereinstimmt.

Entsprechendes gilt für den zweiten Aspekt einer erweiterten Raumauffassung in der heutigen Physik. In den letzten zehn bis fünfzehn Jahren hat man eine Theorie entwickelt, die einen alten Traum von Einstein endlich zu verwirklichen scheint: Dass man nämlich die vier sogenannten Grundkräfte in der Physik, elektromagnetische Kraft, starke Wechselwirkung in den Atomkernen, schwache Wechselwirkung (die beispielsweise für Radioaktivität verantwortlich ist) und Schwerkraft in einer einheitlichen Theorie beschreiben kann (Theorie der „Superstrings"; vgl. dazu den ersten Beitrag in diesem Band). Zwar ist eine endgültige Gestalt der Theorie noch umstritten – man arbeitet fieberhaft daran, nicht nur in der theoretischen Physik, sondern auch an mathematischen Instituten –, aber gewisse Umrisse, wie sie für uns von Bedeutung sind, zeichnen sich ab. Eine dieser Theorien, die sich durchzusetzen scheint, nimmt an, dass wir nicht in einem dreidimensionalen Raum leben, sondern in einem neundimensionalen, mit der Zeitdimension zusammen in einer zehndimensionalen Raumzeit. Sechs der neun Raumdimensionen sind allerdings so geringfügig ausgebildet, dass unsere Sinne sie nicht wahrnehmen können. Man denkt sich jeden Punkt des dreidimensionalen physikalischen Raumes durch eine sechsdimensionale winzige Hyperkugelfläche ersetzt und jede Gerade durch ein siebendimensionales Röhrchen. Präzisiert wird das – wie im Falle der Relativitätstheorie – durch Mathematik. Das geschieht nicht im Widerspruch zur gewöhnlichen Anschauung, da diese zu „grob" ist, um die schwach ausgeformten höheren Dimensionen zu erkennen.

Damit möchte ich nicht behaupten, das Jenseits sei eine Angelegenheit der Dimensionen 4 bis 9. Vielmehr geht es darum, überhaupt die Offenheit dessen zu beachten, was physikalischer Raum ist. Krümmung und dimensionale Erweiterung des Raumes geben Anhaltspunkte, den Vordergrund des physikalisch Gedachten in den tiefen Hintergrund eines umfassenden Seins einzuordnen.

c) Materie. Was ist nun Materie in der so geöffneten Raumzeit? Das ist sicherlich die schwerste der drei Fragen nach Zeit, Raum und Materie. Grob zusammengefasst kann man sagen: Materie ist periodische Veränderung in der Raumzeit, Musik, gespielt auf den Superstrings, das heißt Saiten, die nicht aus Materie bestehen, sondern aus dem Raum selbst. Materie ist Ergebnis, nicht Voraussetzung der Schwingung. Quantentheorie, erweitert zur Theorie der Superstrings, beschreibt Materie in einer Weise, die wieder nur mathematisch, nicht vorstellungsmäßig erfassbar ist.

Welche Auswirkungen der neue Materiebegriff auf das hat, was wir „Leben" und „Geist" nennen, scheint überhaupt noch nicht ausgemacht zu sein. Was biologisch Leben ist, hält man aufgrund der Evolutionsforschung für verstehbar. Aber auch hier wird mehr und mehr erkennbar, dass zwar einige Prozesse bei der Entstehung von Leben verstanden worden sind, aber längst nicht Leben insgesamt und Entwicklung zu Geistigem hin.

Deshalb halte ich es für legitim und wegen der früher genannten Argumente auch für notwendig, die Frage nach der Zukunft eines jeden einzelnen Menschen radikal neu zu stellen und dabei alte theologische Erkenntnisse neu zu entdecken oder zu interpretieren. Bedeutet das nun, dass wir – wenn auch anders als Frank Tipler – doch Physik der Unsterblichkeit betreiben? So weit möchte ich nicht gehen. Physik spielt insofern eine Rolle, als wir für das Fortbestehen menschlichen Seins über den Tod hinaus dieselben physikalischen Bedingungen annehmen wie für das diesseitige Leben. Allerdings fehlen uns die Informationen, um das näher auszuführen. Wir sehen das Tor an der Grenze und nehmen den Stoff wahr, aus dem das Tor ist. Aber wir können nicht hinter das Tor schauen. Es ist jedoch ein entscheidender Unterschied, ob man sagt: Hier ist Ende, oder: Hier ist ein Tor, ein wirkliches Tor.

5. Hinter dem Tor

Man hat versucht, in Gesprächen mit Menschen, die sich auf der Grenze zum Tod hin befanden, doch etwas von dem zu erfahren, was hinter dem Tor ist. Eine größere Anzahl von Menschen, die schon als klinisch tot galten, haben in erstaunlicher Übereinstimmung von „Nahtod-Erlebnissen" berichtet (vgl. dazu den zweiten Beitrag in diesem Band). Solche Berichte sind unabhängig voneinander gesammelt worden in Büchern von Elisabeth Kübler-Ross, Raymond Moody und anderen.[9] In den meisten Schilderungen treten drei Phänomene auf: Der Beinahe-Gestorbene sieht sich seinem Körper gegenüber, beobachtet beispielsweise Wiederbelebungsversuche und beschreibt korrekt die daran beteiligten Personen. Zweitens spricht er in dem traumartigen Zustand nur mit solchen Menschen, die schon gestorben sind. Drittens spielt

9 Kübler-Ross (1994), Moody, R. A. (1998), Zaleski, C. (1993), Ewald (1999), Knoblauch (1999).

ein Lichtwesen oder etwas Ähnliches eine Rolle, das Zufriedenheit und Liebe ausstrahlt, wie überhaupt die Beinahe-Toten von Angstfreiheit und Glücklichsein berichten.

Das ist natürlich nicht beweiskräftig, und man betrachtet derartige Erlebnisse gemeinhin als tiefenpsychologisch oder pharmakologisch-physiologisch erklärbar, ohne ein Jenseits strapazieren zu müssen. Frau Kübler-Ross ist auch recht leichtsinnig, indem sie esoterische Traumerlebnisse mit den Nahtod-Erlebnissen vermischt. Dennoch ist zu bedenken, ob wir hier Grenzerlebnisse vor uns haben, die auf eine zu erwartende Fortsetzung des Lebens im Jenseits verweisen.

Inhaltlich gehen die berichteten Erlebnisse jedenfalls weitgehend mit der hier vertretenen Theorie des Menschen konform: In der verwandelten Leiblichkeit erkennt die Person sich selbst und andere Personen wieder, behält also ihre Identität. Ferner wird durch das Lichtwesen und das Glücksgefühl Hoffnung, Angenommensein, Erfüllung des noch nicht Erfüllten angezeigt.

Indessen kommen wir auch ohne experimentelle Bestätigung aus. Es genügt uns, auf das Tor hinzuweisen. Bis zu dem Tor hin reicht die naturphilosophische Theorie des Menschen. Theologische Aussagen und Glaubensvorstellungen malen das aus, was hinter dem Tor kommt, ob das Leben beispielsweise sofort weitergeht oder in einer Latenzphase auf die große allgemeine Auferstehung wartet.

Der gedachte Weg durch das Tor wird nicht mehr durch die Physik verbaut, wie man das lange behauptet hat. Die Informationen, die menschliche Identität im Gehirn manifestieren, können als umfassend gespeichert angenommen werden, so dass sie Grundlage für eine Fortexistenz sind. Man kann entfernt den Vergleich ziehen zum Übergang vom Raupendasein zum Schmetterlingsdasein (ein Bild, das Frau Kübler-Ross gern gebraucht). Wenn wir also auf den Kohlköpfen dieses Kosmos dahinkriechen, so ist das nicht alles. Unser Weltall ist Brutstätte für Leben, das auf seine Fortsetzung und Erfüllung wartet. Das wertet unser Leben hier nicht ab, sondern macht es aufregend, spannend als eine erste Wegstrecke, die nicht in Hoffnungslosigkeit abbricht. Nicht Tiplers Totentanz im Computer ist unsere Hoffnung, sondern die Aussicht darauf, dass der verborgene Sinn unseres Lebens einmal konkret offenbar werden wird.

Ich will das Gesagte in vier Thesen zusammenfassen. 1. Tipler gibt mit seinem Buch „Die Physik der Unsterblichkeit" weder physikalisch noch theologisch eine akzeptable Erklärung eines Lebens über den Tod hinaus. Gleichwohl stellt er die richtigen Fragen. 2. Das neuere Weltverständnis der Physik lässt andere Denkmodelle zu, wie man über den Horizont unserer sichtbaren Welt hinausschauen kann. 3. Eine naturphilosophische Theorie des Menschen, die von der Erfüllung des irdischen Lebens in einem Weiterleben redet, ist eine aufgeklärte und der Würde des Menschen angemessene Theorie. Sie setzt noch keine religiöse Bindung voraus. 4. Christliche Auferstehungshoffnung füllt diese Theorie mit glaubensmäßiger Konkretion und ist Zentrum des Evangeliums. Sie wertet unser Leben nicht ab, sondern verleiht ihm ewigen Sinn.

Zum Dialog geboren?

Wandlungen im Menschenbild der Naturwissenschaft

1. Vorbetrachtungen

Gehen wir dem Ursprung dieses Lebens auf der Erde noch einmal nach und suchen – am Beispiel des Hörens, des vorgeburtlichen Dialogs sowie der natürlichen Quellen von Zuwendung und Zärtlichkeit – seine tiefe Verankerung in der Evolution zu verstehen.

Man hat in den vergangenen Jahrhunderten von kirchlich-theologischer Seite aus immer wieder versucht, eine Biologisierung des Menschenbildes aufzuhalten. Der Mensch als Geschöpf Gottes, ja als Bild Gottes darf nach dieser Auffassung nicht als höher entwickeltes Tier in rein naturwissenschaftlichen Kategorien gekennzeichnet werden. Zwar hat der Mensch einen Leib mit Instinkten, Trieben und der Sterblichkeit eines Hundes oder eines Affen. Aber als Geistwesen unterscheidet er sich: Erst die Beseelung seiner materiellen Hülle macht ihn zum Menschen. Der „Hauch aus Gott" gemäß biblischem Schöpfungsbericht bedeutet, dass dem Menschen eine Seele überreicht wird. In der traditionellen Theologie waren allenfalls der Zeitpunkt und die Art der Beseelung strittig:

In der von Luther aufgenommenen Denktradition des Augustinus löst sich bei der Zeugung mit dem materiellen Samen ein seelischer Same von der Seele der Eltern und wird zur selbstständigen Seele des Kindes. Man nennt diese Lehre Traduzianismus. Die ursprünglich von Gott stammende Seele wird von Generation zu Generation übertragen, weitergereicht.[1]

In der auf Aristoteles und Thomas von Aquin zurückgehenden Auffassung wird jedem werdenden Kind unmittelbar eine Seele von Gott eingehaucht, und zwar dem männlichen Embryo am vierzigsten Tage, dem weiblichen am achtzigsten Tage nach der Zeugung. Man spricht vom „Kreatianismus". Er wird in der katholischen und in der reformiert-protestantischen Tradition teilweise bis in die Gegenwart hinein vertreten.

Der Darwinismus mit seiner biologischen Eingliederung des Menschen in die Entwicklungsgeschichte der Tierwelt war zwar für manche Formen eines biblizistischen Menschenverständnisses eine Gefährdung der Gottebenbildlichkeit (und ist es heute noch in dem von den USA herkommenden sog. Kreationismus fundamentalistischer Kirchen und Gruppen). Aber sowohl die traduzianistische wie die kreatianistische Lehre konnten sich mit Darwin arrangieren: Die Beseelung ist ja unabhängig davon, wie die Wohnung der Seele, der Leib, biologisch zustande gekommen ist. Seele und biologische Materie sind säuberlich getrennt. Man vertritt ein dualistisches Menschenbild. Andere kreatianistische Strömungen dagegen bekämpfen die darwinsche Theorie.

Was aber ist die Seele, die in den Menschen hineinströmt? Ist sie Inbegriff dessen, was Tiere nicht haben: Sprache, Intelligenz, Bewusstsein, Selbstbewusstsein? Oder ist es ein unbeschreibliches Etwas, das den Menschen in Beziehung zu Gott bringt?

Lange Zeit schien ersteres selbstverständlich zu sein: Auch Verstand und Vernunft gehören zur Seele, die von Gott stammt. Aber in den letzten fünfzig Jahren hat sich das geändert. Gehirnforschung, evolutionäre Erkenntnistheorie, Kybernetik und Computerwesen dringen immer

---

1 Vgl. hierzu: Eibach, U. (1983), 25ff.

tiefer in die Sphäre des Geistigen ein. Computer und Gehirn, wenn auch verschiedenartig gebaut, weisen jedoch in ihren Funktionen erstaunliche Gemeinsamkeiten auf. Manche Wissenschaftler reden schon von einem möglichen Bewusstsein der Maschinen. Man lässt Computer Gedichte schreiben und entwirft Programme, die in vieler Hinsicht Züge von Kreativität aufweisen. Es scheint, als solle das mechanistische Menschenbild des 18. Jahrhunderts, das zu grob war, um sich durchzusetzen, nunmehr verfeinert werden und durch Hinzunahme geistiger Funktionen neues Gewicht bekommen.

Man kann sich hierbei auf eine Definition der Seele als des allerinnersten, noch jenseits geistiger Funktionen zu verstehenden Seins im Menschen zurückziehen. Wird aber dann „Seele" nicht zu einem Restbestand des Menschseins, der mit dem Fortschritt der Naturwissenschaften immer mehr zusammenschmilzt oder zur Chiffre von Noch-nicht-Erforschtem verkümmert?

Die Versuche, mit einem derart eingeschränkten Seelenverständnis das Vordringen eines biologistischen Menschenbildes zu stoppen, können als gescheitert gelten. Aufgrund ihrer Erfolge haben die Naturwissenschaften eine derart große Autorität gewonnen, dass ihre Aussagen mehr und mehr das Menschenbild unserer abendländischen Welt bestimmen.

Diese Feststellung besagt aber nicht, dass man die theologische Akte zum Thema Menschenbild allmählich schließen kann. Eher im Gegenteil: Ein Nachdenken über das, was den Menschen zum Menschen macht, erscheint dringender geboten denn je zuvor, besonders deshalb, weil die Erforschung des Menschen allmählich in Manipulation des Menschen hineinführt, sowohl hinsichtlich seines Erbgutes wie in seiner vermehrten Einbindung in prägende Informationssysteme, in einer Symbiose von Maschine und Mensch.

Die Diskussion ist dann sinnvoll, wenn sie nicht bei einem von naturwissenschaftlicher Betrachtungsweise unabhängigen oder gar gegen Naturwissenschaft gerichteten Menschenbild ansetzt, sondern die naturwissenschaftlichen Menschenbilder kritisch hinterfragt und ihre Wandlung beachtet.

Es läge nahe, bei der Molekularbiologie oder bei Fragen der künstlichen Intelligenz anzusetzen. Dort liegen Schwerpunkte der gegenwärtigen Auseinandersetzungen um ein adäquates naturwissenschaftliches Menschenbild. Ich möchte das aber nicht tun, sondern mich auf einen dritten Aspekt konzentrieren, der weniger Aufsehen erregt, aber nach meiner Übezeugung einen für die naturphilosophische und theologische Diskussion bedeutsamen Wandel im Menschenbild der Naturwissenschaft anzeigt.

2. Reduktionistisches Weltbild

Ehe ich das tue, möchte ich noch zum naturwissenschaftlichen Erkennen allgemein etwas sagen, also über den Rahmen, in den Biologie und Chemie ein Bild vom Menschen zeichnen, sowie über „Pinsel und Farbe", also über das benutzte Handwerkzeug und dessen Leistungsfähigkeit.

Die methodische Leitlinie allen naturwissenschaftlichen Arbeitens lässt sich in einem Wort zusammenfassen: Sie ist Reduktionismus. Darunter versteht man die Annahme, dass jedes in der Natur beobachtete Phänomen grundsätzlich auf physikalischen und chemischen Gesetzen beruht. Man führt alles auf materielle Gesetze zurück, die wiederum vorwiegend in mathematischen Gleichungen erfasst werden. Auch zufällige Phänomene gehorchen mathematischen Regeln, wie man das vom Würfeln her kennt: Das Ergebnis eines einzelnen Wurfes ist zwar unbestimmt, aber bei vielen Würfen merkt man, dass jede Zahl mit immer größerer Näherung gleich oft vorkommt.

Indessen haftet dem Wort „Reduktionismus" ein negativer Beigeschmack an. Jeder „Ismus" klingt nach Ideologie, nach Dogma, das man glaubt, nicht nach rationaler naturwissenschaftlicher Methode.

In der Tat scheiden sich hier die Geister: Manche Naturwissenschaftler sind so durchdrungen vom Reduktionismus, dass sie ihm wie einer Ideologie huldigen, weit über den gesicherten Erkenntnisstand der Naturwissenschaft hinaus. Andere sehen den Reduktionismus nur als Hypothese, die sich erfahrungsgemäß als außerordentlich stark und nützlich erwiesen hat, deren Tragweite wir aber nicht annähernd einschätzen können.

Die Grenzen des Reduktionismus bestehen dabei nach zwei Seiten hin: Zum einen sind es die Voraussetzungen, die jeder Anwendung von Naturgesetzen zugrunde liegen. Ein Stein muss erst einmal da sein, ehe er sich nach dem Fallgesetz bewegt. Was aber ein Stein ist, was der Begriff „Materie" beinhaltet, wird trotz – oder wegen – der großen Fortschritte in der Atomphysik immer problematischer. Materie löst sich letztlich auf in abstrakte Strukturen, die man nur mit mathematischen Begriffen und Gleichungen beschreiben kann. Dass diese Strukturen so sind, wie sie sind, wird durch die Mathematik nicht erklärt. Wir gehen von der Materie mit ihren sehr komplizierten inneren Gesetzen aus, wenn wir Physik und Chemie betreiben.

Wir wissen nicht einmal, ob die Naturgesetze unabhängig von der Materie gelten. Wenn die kosmische Entwicklung mit dem sogenannten Urknall begann und es daher einen Zustand gab, in dem noch keine Elementarteilchen der Materie, keine Elektronen und Neutronen existierten, diese sich vielmehr erst kurze Zeit nach der Urexplosion bildeten, kann man fragen: Entstanden die Naturgesetze erst mit Bildung der Materie, oder waren sie – im platonischen Sinn – als Ideen schon vorhanden? Wir stoßen hier auf unlösbare Probleme, auf philosophische Grundannahmen, die nicht beweisbar sind. Die Aussagekraft von Naturgesetzen ist also generell eingeengt. Um zu erklären, verwendet man Unerklärtes.

Die zweite Grenze, auf die der Reduktionismus stößt, ist spezieller Art: Sie wird durch die Frage angezeigt, ob sich alle biologischen Phänomene wirklich auf physikalisch-chemische Abläufe zurückführen lassen. Zwar geht der Reduktionismus von einer positiven Antwort aus; ob aber zu Recht, kann er nicht begründen, auch wenn er im Einzelnen Erfolg gewöhnt ist.

Rupert Sheldrake, ein englischer Naturforscher und Naturphilosoph, versucht sogar eine ernsthafte Widerlegung.[2] Er meint, dass biologische Gestaltbildung nicht durch Steuerung des Organismusaufbaus mit Hilfe des sog. DNS-Codes allein erklärt werden kann. Zwar weiß man, dass sich die zwanzig Aminosäuren im Zelleiweiß aufgrund des genetischen Programms wie Perlen einer Kette zu Eiweiß aneinanderfügen. Aber die genetischen Programme determinieren noch nicht die Gestalt einer Pflanze oder eines Tieres. Auch ein Zufallsspiel, das Reduktionisten zwecks Ermöglichung großer Gestaltenvielfalt zulassen, reicht nicht aus. Sheldrake gibt hierfür viele Anhaltspunkte.

Sein Gegenvorschlag besteht in der Annahme sogenannter morphischer Felder, Gestaltfelder, die wie magnetische Felder oder Schwerkraftfelder zu den Grund-

2 Sheldrake, R. (1991).

strukturen unseres Kosmos gehören. Ihr Charakter wird als so universal angenommen, dass sogar die Entstehung von Naturgesetzen Spontanereignisse in den Gestaltfeldern sind, allerdings so, dass alles, was sich einmal spontan gebildet hat, dann Bestand erhält, sich sozusagen in das Gedächtnis der Natur einprägt.

Es ist nicht meine Aufgabe, diese umstrittene Hypothese zu diskutieren. Ihre Erwähnung sollte nur zum Ausdruck bringen, wie sehr sich unser Bild von der Natur wandelt. Man kann als Naturwissenschaftler beruhigt die im Reduktionismus verpönte Frage stellen, ob nicht der Naturentwicklung, der Gestaltwerdung des Kosmos Ziele zugrunde liegen.

Zwar hat sich herausgestellt, dass sog. teleologische Denkmodelle, die Zielgerichtetheit in der Evolution alles Lebendigen annehmen, stets durch Kausalmodelle ersetzt werden können. Das Spiel von Mutation und Selektion gibt im Konkreten – nach bisheriger Erfahrung – stets eine ausreichende Erklärungsmöglichkeit an. Ob das aber alle Gestaltbildung erklärt, wird eher problematischer und kann im reduktionistischen System der traditionellen Naturwissenschaft nicht entschieden werden.

Eine bedenkenswerte theologische Antwort auf die Frage der Gestaltwerdung im Kosmos gibt Karl Schmitz-Moormann auf dem Boden der Theologie von Teilhard de Chardin in seinem Buch (1997).

3. Horchen

Ich will nun in dem kurz skizzierten Rahmen aller Naturforschung den Blick auf das Bild vom Menschen richten, das hineingezeichnet wird. Wie angekündigt, möchte ich einen besonderen Aspekt, ein besonderes Beispiel auswählen. Es hat mit einem unserer Organe zu tun, mit einem unserer fünf Sinne. Dieses Organ bezeichnet mehr als ein Fünftel unserer Sinneswahrnehmung und nimmt, wie deutlich werden soll, eine Schlüsselfunktion in unserem Organismus ein. Ich meine das Ohr und seine Funktionen des Hörens und Horchens.

Man kann sich vorstellen, ohne Riechorgan auszukommen. Schlimmer ist es, nicht tasten und fühlen zu können oder keinen Geschmack im Munde zu haben. Wir wissen ferner um das schwere Schicksal von blinden Menschen. Dennoch sind sich Fachleute einig, dass der Verlust des Gehörs am tiefsten in den Menschen eingreift, nicht selten den Willen zum Leben schwer schädigt oder bricht. Der Grund hierfür liegt in einer Bedeutung von Hören und Horchen, die naturwissenschaftlich noch lange nicht voll erfasst ist, deren Erkundung aber neue Aspekte des Menschseins offenbar werden lässt.

Meine Ausführungen gründen sich vorwiegend auf das Werk des französischen Mediziners Alfred Tomatis.[3] Tomatis hat sich über Jahrzehnte hinweg vor allem mit der Rolle des vorgeburtlichen Hörens beschäftigt. Es galt in der Medizin lange als sicher, dass das Hören erst nach der Geburt beginnt: Erst langsam setzte sich die Erkenntnis durch, dass dem nicht so ist. Mittels der Herzfrequenz des Fötus konnte man Reaktionen auf Schallreize feststellen, die am Bauch der Mutter abgesandt wurden.

Was aber hört ein Fötus? Man weiß vom Unterwasserhören, dass Töne im flüssigen Medium sehr verzerrt wahrgenommen werden. Das ist bei dem im Fruchtwasser schwimmenden Fötus natürlich auch der Fall, wenngleich, wie man herausgefunden hat, der Unterwasserwahrnehmung eines Erwachsenen nur sehr fern verwandt.

3 Tomatis, A.A. (1990).

Tomatis hat sich um eine genaue Analyse des vom Fötus wahrgenommenen Schallfrequenzspektrums bemüht. Da Experimente mit Schwangeren nur sehr begrenzt möglich sind, nutzte er für die reine Frequenzanalyse eine technische Vorrichtung: Er montierte ein Mikrofon in eine Flüssigkeit, die etwa die Zusammensetzung von Fruchtwasser hatte. Die richtigen Frequenzen herauszufinden war dann allerdings ein schwieriges Unterfangen, hatte man doch die akustischen Bedingungen im Mutterleib zu berücksichtigen: Die Schallreize durch Herzklopfen, Verdauung und Atmung der Mutter. Tomatis erhielt eine ausreichende Vorstellung von den gefilterten Tönen, wie sie zum Fötus vordringen, insbesondere der Filterung der Mutterstimme, der Art und Weise, wie ein Kind vor der Geburt die Mutterstimme, aber auch andere von außen kommende Schallreize wahrnimmt.

4. Gestörte Beziehungen

Die Ergebnisse waren nicht nur theoretisch, sondern auch für die Therapie von Interesse. Im Hauptberuf ist Tomatis klinischer Mediziner für Hals-, Nasen- und Ohrenheilkunde. Er ließ Geräte bauen, mit denen man gefilterte Töne über Kopfhörer einem Kind zu Gehör bringen kann. Insbesondere kann dann ein Kind oder auch ein Erwachsener die Stimme der eigenen Mutter, falls vorher zugänglich, so hören, wie sie im Mutterleib zu hören war.

Es kam zu erstaunlichen Effekten und zu Anwendungen in der Therapie entwicklungsgestörter Kinder. Tomatis berichtet etwa von Helène, einem Kind, das Schreckliches erlebt hatte. Helènes jüdische Mutter, deren Eltern im KZ umgekommen waren und die sich in Südfrankreich verstecken konnte, schien nach dem Krieg eine einigermaßen glückliche Ehe zu führen, aus der Helène hervorging. Es kam aber zu einem schweren Ehekonflikt, und die Mutter nahm sich das Leben. Sie stürzte sich vor den Augen der sechsjährigen Helène aus dem Fenster. Helène kam in ein Heim, in dem sie, was man erst nach längerer Zeit entdeckte, wie ein Tier in einem Stall gehalten wurde. Ihr Verhältnis zum Leben war weitgehend zerstört. Als Zwölfjährige lief sie mit gesenktem Kopf und schlaffen Gliedern umher, sprach kaum ein Wort. An eine schulische Entwicklung war nicht zu denken. In den Begriffen der Psychologie handelte es sich um eine Regression.

Tomatis versuchte eine Gehörtherapie. Da die Mutterstimme nicht mehr zur Verfügung stand, spielte er dem Kind ersatzweise gefilterte Musik über Kopfhörer zu, Musik also, die analog zur menschlichen Stimme so gefiltert war, wie sie ein Fötus in etwa hört. Nach vielen vorausgehenden Versuchen hatten Tomatis und seine Mitarbeiter herausgefunden, dass nur eine Musik in Frage kommt: diejenige von Mozart. Offensichtlich hängt das damit zusammen, dass Mozart schon als Kind komponiert hat und mit seiner Musik in besonderer Weise dem vorgeburtlichen Hören nahe kommt.

Helène fing langsam an, sich aufzurichten, hinzuhorchen, zu reagieren. Sie begann von ihren furchtbaren Erlebnissen zu sprechen. Der Wille zum Leben erwachte. Sie konnte allmählich eine Schulbildung nachholen und einen Beruf ergreifen.

Die entscheidende Veränderung bei Helène unter dem Einfluss der gefilterten Mozartmusik bestand darin, dass sie wieder anfing zu horchen. Sie nahm ihre Umwelt wieder aktiv wahr, fasste Vertrauen, stimmte sich ein in ihre Möglichkeit zu leben. Sie wurde dazu angeregt, indem sie noch einmal von vorne anfing, sich zurückversetzte in ihr vorgeburtliches Sein. Dort beginnt das Lauschen auf die

Laute des Lebens, den Wohlklang, der meist mit der Mutterstimme verbunden ist.

Das Wahrnehmen dieser Laute kann offensichtlich zu Vorformen sprachlichen Erfassens führen. Tomatis erzählt von einem sprachgestörten Mädchen aus Venezuela. Es war von seiner Mutter ausgesetzt worden (wie das Mitte der siebziger Jahre mit etwa 50% der neugeborenen Kinder in Venezuela geschah). Dieser Schock war sicherlich der entscheidende Grund für die Entwicklungsstörung.

Die Adoptivmutter hatte sich zwar rührend um das Kind gekümmert, war aber eine überaus dominante Person. So zog Tomatis es vor, nicht die Stimme der Adoptivmutter mit einem Frequenzfilter aufzunehmen, sondern benutzte wieder Mozartmusik. Das Kind fing unter dem Einfluss der modulierten Musik langsam an zu brabbeln. Überraschenderweise ließen sich aus dem Brabbeln Brocken der portugiesischen Sprache heraushören. Da die Adoptivmutter nur Spanisch sprach, blieb der Schluss, dass es sich bei der leiblichen Mutter um eine Brasilianerin handelte. Dass das neugeborene Kind zwischen Geburt und Aussetzung so viel Brasilianisch aufgenommen hatte wie in den Wortfetzen vorkam, ist unwahrscheinlich. Eher kann man annehmen, dass es vor der Geburt den Sprachklang und einzelne Worte des Brasilianischen aufgenommen hatte.

Ein drittes Beispiel führt in der Konsequenz noch weiter: Ein vierjähriges Mädchen, Isabelle, das unter Kommunikationsstörungen litt, wurde in regelmäßigen Sitzungen mit der gefilterten Mutterstimme über Kopfhörer versorgt. Nach einer Weile fing das Mädchen an zu reagieren, auch zu Hause den Eltern gegenüber. Dabei fiel den Eltern etwas Merkwürdiges auf: Isabelle reagierte stärker, wenn sich die Eltern auf Englisch unterhielten. Sie taten

das gelegentlich, gerade dann, wenn die Kinder nichts mit-
bekommen sollten.

Tomatis fragte den Vater, als dieser davon erzählte, ob
seine Frau während der Schwangerschaft eine Zeitlang re-
gelmäßig Englisch gesprochen habe. Der Vater verneinte,
korrigierte sich aber bald, nachdem er mit seiner Frau darüber gesprochen hatte. Isabelles Mutter war während der
ersten drei Monate der Schwangerschaft bei einer Export-
firma tätig, in der man nur Englisch sprach.

Das gab ein Rätsel auf: Das fötale Ohr ist erst nach vier
Monaten hörfähig. Wie soll die Stimme der Mutter vorher, also im Embryonalstadium des Kindes, Spuren hin-
terlassen? Vielleicht war der beobachtete Effekt zufällig,
oder das gelegentliche Englischsprechen der Eltern genügte
zur Erklärung. Die Indizien sprachen dagegen. Es kam zu
einer Theorie, auf die ich nunmehr eingehen möchte. Es
wäre sicherlich interessant, die therapeutischen Erfahrungen mit gefilterter Mutterstimme und modulierter Musik weiter zu besprechen, über Erfolge auch in Fällen von
Magersucht, Verdauungsstörungen, Atembeschwerden
und manchen Herzrhythmusstörungen zu reden. Aber die
angeführten Beispiele sollen uns in den gestellten Grund-
fragen weiterhelfen.

5. Das Innenohr in der Evolution

Wo also konnte der mütterliche Sprachklang aufge-
zeichnet und aufbewahrt worden sein? Es konnte sich
natürlich nicht um Rudimente der Sprache selbst handeln wie beim genannten Mädchen aus Venezuela. Denn
Sprache ist nur über das Zentralnervensystem möglich. Ein Grundklang der Sprache aber beruht schon
auf der durchschnittlichen Schallfrequenz. So hat man
festgestellt, dass im Englischen die hohen Töne häufi-

ger auftreten als die niedrigen. Die Spitze der Frequenzverteilung liegt bei etwa 12000 Hertz. Im Französischen dagegen liegt sie bei etwa 1500 Hertz, im Deutschen noch niedriger.

Der Ort, an dem man die Aufzeichnung (Engrammierung) vermuten kann, besteht nach Tomatis in den Haarzellen, auch Corti-Zellen genannt. Sie sind die Sensoren, die Aufnahmestellen von Reizen im Gleichgewichtsorgan und im Hörorgan. Ihre Rolle scheint weit umfassender zu sein als bisher bekannt.

Von der Entwicklungsgeschichte, der Evolution alles Lebendigen her gesehen, treten Haarzellen sehr früh auf und bleiben dann fast unverändert. Schon bei manchen Quallen (Obelia) kann man einen Ring von Haarzellen beobachten, Seitennerven genannt. Sie bilden mit den Verdickungen (Statozysten) eindrucksvolle Achtecke. Bei einigen Fischen sind sie weitergebildet zu „Seitenlinien". Diese dienen der Orientierung am vorbeistreichenden Wasser. Am Winkel, den die Härchen der Zelle mit dem Gesamtorganismus bilden, werden Beschleunigung und Verlangsamung „gemessen", die Bewegung im Wasser wird dadurch registriert und gesteuert. Das alles geschieht ohne Zentralnervensystem.

Über die Jahrmillionen hinweg haben sich zwei Entwicklungslinien für die Haarzellen herausgebildet: Die eine führte zu den Sinneszellen für Druck- und Schmerzempfindung sowie den Haarzellen der Haut. In der anderen schlossen sich die Seitenlinien der Fische langsam zu einem Innenraum, gefüllt mit Flüssigkeit und einem kleinen Stein, der auf den Härchen balanciert. Die Tiere, die zum Lande strebten, nahmen sozusagen ein wenig vom Meer mit, das dann immer noch auf den Haarzellen entlanggleiten konnte, um zusammen mit einem kleinen Gewicht die Lage des Körpers zu ermitteln und zu regeln.

Die drei Bogengänge verfeinerten später das so gebildete Gleichgewichtsorgan.

Schließlich kam die „Schnecke" hinzu als das eigentliche Hörorgan. In ihr registrieren und analysieren die Haarzellen ankommende Schallimpulse und leiten bei höher entwickelten Lebewesen die Ergebnisse der Analyse an das Gehirn weiter. Auch das Gleichgewichtsorgan übernimmt einen Teil dieser Aufgabe, vorwiegend bei niedrigen Tönen. Das ganze Innenohr, das Gleichgewichtsorgan und Hörorgan umfasst, ist von einem festen Knochengerüst umgeben, dem härtesten, das unser Körper kennt, dem sogenannten Felsenbein. Das kostbare Gut des Innenohrs wird also in einer Weise geschützt wie kein anderes Organ unseres Körpers.

Ist das Innenohr entwicklungsgeschichtlich früh entstanden, so beobachtet man auch eine frühe Entstehung in der Embryonalentwicklung; sie beginnt schon am zweiundzwanzigsten Tag. Es gibt Anzeichen dafür, dass die Bildung des Nervensystems am Innenohr ausgerichtet ist, dass sich, bildlich gesprochen, das Innenohr eine Verstärkung, eine Erweiterung und später eine Artikulationsmöglichkeit verschafft.

Die Grundwahrnehmung des Hörens reicht tiefer als das, was durch das zentrale Nervensystem, durch das Gehirn, damit geschieht. Sie reicht in das Vorsprachliche hinein. Dabei hat die Grundmodulation des Hörens mit Berührung zu tun, wenn man will, mit Zärtlichkeit, mit Zuwendung von außen. Die Spuren dieser Zärtlichkeit prägen sich früh ein. Man weiß noch nicht, wie das geschieht, man weiß aber, dass es so ist.

Es scheint, dass sich hierbei schon früh ein Ausrichten auf den Wohlklang herausbildet, also nicht nur passive Aufnahme von Reizen, sondern Suche nach Gleichgewicht in einem umfassenderen Sinn als Körperbalance. Damit gehen schon die Anfänge des Hörens in die Anfänge des Horchens über. Es ist ein horchendes Reagieren, ein Sich-Ausrichten auf den „Klang des Lebens", wie Tomatis die Urmodulation nennt, die das Ohr noch unterhalb der Schwelle des Nervensystems erreicht.

Ist die Urmodulation verzerrt, belastet oder gar verweigert, beim ungeborenen oder beim geborenen Kind, dann kommt es zu Störungen. Das Gleichgewicht im erweiterten Sinn wird nicht mehr hergestellt. Das Lebewesen kann die aufrichtenden Schallreize nicht finden.

Lehnt etwa die werdende Mutter das noch nicht geborene Kind ab, dann spürt der Fötus – wenn nicht schon der Embryo – „zutiefst das Fehlen der aktivierenden Modulation, der energiespendenden Bindung, die die Liebe, vermittelt durch die Mutterstimme, herzustellen scheint"[4].

Im Extrem kann der Wunsch zu horchen und damit der Wunsch zu lieben weithin verloren gehen. Die Therapie von Helène und Isabelle, von der oben die Rede war, ist die nachträgliche Wiederbelebung dieses Wunsches mit Hilfe gefilterter Töne, die an den Urklang des Lebens und Liebens, der Lebensbejahung heranführen.

6. Dialog

Was sich zwischen dem werdenden Menschen und der Mutter im Hinhorchen auf die Urmodulation abspielt, ist Grundlage für den zentralen Begriff unseres Themas, den Dialog.

Wir verbinden mit „Dialog" zumeist die Verwendung von Sprache, und natürlich nimmt die Sprache den größten Raum im Dialog ein. Aber Dialog ist kein wirklicher Dialog, wenn er nicht auf dem Boden des gegenseitigen

4 AaO. 193.

Zuhörens steht. Wir kennen alle eine schmerzliche Erfahrung in Gesprächen und Diskussionen: Jeder wartet auf das Stichwort, das ihm die Möglichkeit gibt, seine Erlebnisse oder seine Meinung „einzubringen". Man geht nicht auf den anderen ein, sondern zeigt, was man zur gerade behandelten Sache zu sagen hat, und lenkt unbemerkt das Thema in die Richtung, in der man sich noch besser auskennt. Was Gespräch oder Dialog genannt wird, ist oft nur eine Folge von Monologen. Und wehe dem, der wirklich zuhört: Er wird eingedeckt mit einem Wortschwall des anderen, der nur auf sich selbst bezogen ist.

Ich möchte nicht gegen diese Art von Gesprächen moralisieren. Sie zeigen oft Hilflosigkeit und Einsamkeit an, einen Bedarf an Kommunikation, der in der Art unseres Zusammenlebens nicht befriedigt wird. Manchmal ist ein Psychotherapeut in erster Linie ein Mitmensch, der fürs Zuhören bezahlt wird.

Vielleicht ist die Unfähigkeit zuzuhören weithin eine Fortsetzung von Störungen des Urklangs, den die meisten Menschen in der Kindheit oder schon im Mutterleib erfahren haben.

Wirklicher Dialog gründet auf der im Horchen erfahrenen Zärtlichkeit. Er schöpft seine Kraft aus der Einstimmung nicht nur in den Inhalt dessen, was der andere sagt, sondern in die Modulation seiner Stimme, die Art und Weise, wie er sich mitteilt. Horchen, Zuhören ist dabei mehr als hören, mehr als akustischen Reizen ausgesetzt sein. Es ist wie bei der Zärtlichkeit sonst: Wenn sie nicht gewollt ist, gibt es sie nicht. Sie ist Aufnehmen, Sich-Hinwenden zur Mitteilung des anderen.

Auch hört Zärtlichkeit dann auf, Zärtlichkeit zu sein, wenn die Berührung zu hart oder zu grob ist; sie kann in Schmerz umschlagen. Das entspricht den schrillen Tönen, dem aufdringlichen Reden, dem Anschreien. „Mir tun die Ohren weh", sagt man im Volksmund. Die Haarzellen des Innenohrs sind empfindsam. Sie übertragen nicht nur die aus den Schallreizen analysierten Signale an das Gehirn, das diese in Nachrichten verwandelt. Sie reagieren auch auf Wohlklang in einem sehr weitreichenden Sinn. Mit der Suche nach diesem Wohlklang beginnt das ungeborene Kind lange ehe es die Sprache im engeren Sinn wahrnimmt

Wir lassen uns oft beeindrucken durch brillante Reden, durch die beherrschte Sprache einer starken Persönlichkeit. Tomatis definiert „Persönlichkeit" als „die Maske des Menschen, die die Schöpfung verhüllt und die Urmodulation verschüttet". Sicher ist das sehr einseitig ausgedrückt. Es soll aber auf die Bedeutung der Urtöne in uns hinweisen, auf die Suche nach jenem Dialog, bei dem wir nicht Probleme diskutieren, sondern zur Ruhe kommen, mit innerer Heiterkeit erfüllt werden.

7. Menschenbild

Wenden wir unsere Überlegungen nunmehr auf die Frage nach dem Menschenbild der Naturwissenschaften an. Wir hatten die Kernfrage des Reduktionismus aufgeworfen: Ist der Mensch ein Zufallsprodukt der Evolution oder liegt seiner Entstehung ein Ziel zugrunde?

Es gibt namhafte Biologen, die den Menschen aus einem zufälligen Spiel von Mutation und Selektion hervorgegangen ansehen. Zu ihnen gehört etwa der Zoologe Rupert Riedl in Wien, der gesagt hat: „Unser ganzer Körper ist ein Kompromiss seiner Geschichte … Wir wären eine katastrophale Planung, hätte uns jemand geplant."[5]

Tomatis gehört erfreulicherweise – und vermutlich gedrängt durch seine Untersuchungen – zu einer anderen Gruppe. Nach seiner Meinung ordnet sich in der Evolution alles, „um die Voraussetzungen für das Horchen, die Kommunikation, die Sprache zu schaffen". Mir scheint, dass die Zeit einer Überschätzung der Evolutionstheorie zu Ende geht. Ein offeneres Bild vom Menschen und den begrenzten Aussagemöglichkeiten der Naturwissenschaften zeichnet sich ab.

Die einzelnen Schritte der Evolution mögen im Sinne des Reduktionismus durch Mutation und Selektion zustande gekommen sein, also durch kleine Zufallsänderungen im Erbgut und Überleben geeigneter Varianten. Aber es gibt keine Anhaltspunkte dafür, dass man damit eine lückenlose Kausalkette für die Entstehung biologischer Gestalten angeben kann. Mutation und Selektion sind Hammer und Meißel bei der Schaffung der lebendigen Skulpturen, sie sind nicht die Gestalten des Lebendigen selbst.

Um noch einmal Tomatis zu zitieren: „Für den Wissenschaftler, dem es an dichterischer Einbildungskraft fehlt, regiert letztlich der Zufall über die Materie; er spricht ihr Allmacht zu und die Fähigkeit, sich selbst zu regulieren."[6] Tomatis befürwortet ein anderes Bild von Natur und Menschwerdung: „Die Evolution scheint auf ein einziges Ziel gerichtet zu sein: das ‚Wort', den Logos zu erhorchen, um ihn in seine sprachliche, gesprochene Form zu übersetzen."[7]

Der Weg dorthin hat natürlich viele Stationen. Zu ihnen gehört etwa das Zustandekommen von Instinktprogrammen, die der genetische Code steuert, besonders

---

5 R. Riedl (1986), 191ff. Vgl. hierzu H.H. Jennsen, Im Gewussten Gott finden. Zur Apologetik gegenüber der Naturwissenschaft, in: Materialdienst der Ev. Zentralstelle f. Weltanschauungsfragen (EZW) 8/1991; dort auch zahlreiche Literaturhinweise.

6 Tomatis, aaO. 91.

7 AaO. 92.

bei hoch entwickelten Tieren. Inwieweit dabei ein Schimpanse oder ein Pferd auch Spuren des horchenden Dialogs kennt, wissen wir nicht. Beim Menschen aber, und nur beim Menschen, kommt dieser zum vollen Durchbruch. Das Ausgerichtetsein eines menschlichen Fötus auf den zärtlichen Klang der Mutterstimme, auf die darin erlebte Zuwendung und Mutterliebe, ist weit mehr als Fürsorgeinstinkt, den wir allgemein bei Tieren finden.

Sicherlich enthalten auch die emotionalen Beziehungen zwischen Tieren Anfänge oder Vorläufer des Lebensklanges. Aber die Instinktregelungen dominieren. Dadurch finden wir bei Tieren auch nicht jene Schäden, die beim Menschen in gestörten Beziehungen begründet sind.

Mutter-Kind-Liebe, überhaupt Liebesbeziehung zwischen Menschen, erschöpft sich nicht in Instinktprogrammen oder Triebverhalten. Und das, was hinzukommt, ist auch nicht allein Ergebnis eines über die Großhirnrinde gesteuerten Lernverhaltens – wenngleich man in der Liebe vieles lernen kann. Liebe ist dialogische Zärtlichkeit, horchende Zuwendung, tief in die Schöpfung des Hörorgans hineinreichende Urbeziehung, Lauschen auf den Klang des Lebens, der zur Sprache erwacht und sich darin seiner selbst bewusst wird.

Ist es das Ziel der Evolution, die Voraussetzungen für das Horchen, die Kommunikation, die Sprache zu schaffen, so sind wir als Menschen dazu geboren, diese Kommunikation zu vollziehen. Das Fragezeichen in unserem Thema kann durch ein Ausrufezeichen ersetzt werden: Wir sind zum Dialog geboren!

Ein so verstandenes Menschenbild rückt nicht von der Naturwissenschaft ab, sondern wächst aus ihr heraus. Wir zeichnen ein verzerrtes Bild vom Menschen, wenn es nur die Linien enthält, die physikalisch-chemische Kausalketten darstellen. Wir können mit schöpferischer Phantasie das Bild ausmalen, das magere Gerüst der naturwissenschaftlichen Erkenntnis in größere Zusammenhänge einordnen, die wir erahnen und die über uns hinausweisen.

8. Schöpfung

Dann stellt sich auch die Frage nach dem Geschöpfsein des Menschen neu. Das biblische Menschenverständnis ist von seinen Anfängen an dialogisch, in der Zuwendung Gottes zum Menschen und dem Horchen des Menschen auf Gott begründet. Nicht, dass wir nunmehr diese Beziehung naturwissenschaftlich verstehen. Aber sie knüpft unmittelbar an das oben skizzierte Bild vom Menschen in der Naturwissenschaft an.

Wir brauchen nicht von einer Beseelung der organischen Materie zu sprechen, um das Menschsein gegenüber dem Tiersein zu begründen. Weder Traduzianismus noch Kreatianismus sind notwendig, um vom „Hauch aus Gott" zu reden, der den Menschen zum Menschen macht. Wir brauchen auch keine New-Age-Vorstellung vom Astralleib, in dem der Mensch von fernen Gestirnen oder sonstwo her mit kosmischen Kräften versorgt würde.

Am Ende eines langen Werdeprozesses betritt der Mensch als Dialogpartner seines Schöpfers die Bühne der Natur. Er ist in die Geschichte entlassen, die nun als Geschichte im engeren Sinn beginnt. Deren Verlauf ist noch weniger als ganzer von der Naturwissenschaft her zu verstehen als die Entstehung des Menschen. Dennoch bedürfen die biologischen Bedingungen des Geschöpfseins ständiger Einbeziehung in das Verstehen von Lebensgeschichte und Menschheitsgeschichte.

Die Ich-Du-Beziehung zwischen Mensch und Gott spiegelt sich nach biblischem Verständnis (im Alten und im Neuen Testament) im Ich-Du-Verhältnis zwischen den Menschen, freilich ohne sich darin zu erschöpfen. Die getrübte Gottesbeziehung und das gestörte Verhältnis von Kain und Abel stehen in Beziehung zueinander.

Suche nach menschlicher Urbeziehung, die oft schon im Mutterleib gestört wird, und Suche nach Erlösung hängen eng zusammen. Horchen auf Gott und Lauschen auf den Klang des Lebens sind verwoben.

Paulus sagt im ersten Korintherbrief, Kapitel 13: „Wenn ich mit Menschen- und Engelszungen redete und hätte die Liebe nicht, so wäre ich ein tönernes Erz oder eine klingende Schelle." Das sagt nichts gegen die Sprache – Paulus war ein großer Redner –, aber es weist auf eine tiefer reichende Bedeutung hin, die mit „Liebe" in einem umfassenden Sinn angesprochen wird. Die Biologie des Hörens und ein Wissen um die Bedeutung des horchenden Dialogs mögen uns helfen, diese Liebe konkret zu verstehen.

Auf der Suche nach Wahrheit

Naturwissenschaft und christlicher Glaube

1. Vorbemerkung

Abschließend beleuchten wir allgemein den schöpfungs-
mäßigen Horizont von Jenseits und Auferstehung, in Ab-
grenzung zu jenen Bemühungen, die das Jenseits mit esoterischen Vorstellungen zu interpretieren versuchen.

Christlicher Glaube kann nicht losgelöst werden von
Glauben an den Schöpfer, wie er uns schon auf den ersten Blättern der Bibel bezeugt wird. Wie sich also unser
Glaube und unser Leben in der Schöpfung zueinander
verhalten, ist eine fundamentale Frage. Sie begegnet uns
heute immer stärker angesichts drohender Zerstörung der
Natur durch ökologisches Fehlverhalten, durch immer
noch in Bereitschaft gehaltene Massenvernichtungswaffen und eine schwer zu kontrollierende Gentechnik. Ethische Fragen, die hierbei von Christen gestellt werden, bekommen erst ihre volle Tiefe, wenn sie auf dem Hintergrund der Erkenntnisfrage, der Wahrheitsfrage betrachtet werden. Dieser Hintergrund soll uns hier vorrangig
beschäftigen. Die Implikationen für unser konkretes Leben können wir hier nur andeuten.

In eineinhalb Jahrtausenden christlich-abendländischer
Geschichte hatte sich die Theologie daran gewöhnt, dass
die Wahrheit über die Natur aus der geoffenbarten Gottes-
wahrheit heraus verständlich wird. Man kann das gut an
einem frühscholastischen Buch aus dem Jahre 1085 mit
dem Titel „Physiologus" illustrieren, das in Vorformen
auf alexandrinische Quellen zurückgeht. Man findet darin eine systematische Auflistung von Tieren. Deren Ver-

halten und Eigenschaften werden aber nicht in sich beschrieben, sondern allegorisch als Hinweise auf Aussagen der christlichen Botschaft verwendet. Natur ist hier Träger von Symbolen der Gotteswirklichkeit.

2. Grenzen der Physik

Inzwischen ist naturwissenschaftliche Wahrheit zu einer fast absoluten Autorität geworden, nicht nur in den Naturwissenschaften selbst, sondern bis in die Geisteswissenschaften hinein: Wahrheit ist zum großen Teil Berechenbarkeit geworden. Die Magie des Computers fasziniert immer mehr: Wissenschaft mit Diagrammen aus dem Plotter und Tabellen, die Berge von Computerpapier füllen, hält sich für besonders objektiv. Noch größer aber ist das Gewicht der Formel, die wie ein Schlüssel einen bisher geheimnisvollen Raum öffnet, die gesetzmäßige Abläufe in der Natur einschließlich der menschlichen Psyche und des Verhaltens menschlicher Gruppen beschreibt.

Für eine Weile schien Heisenbergs Versuch, eine „Weltformel", die die atomaren Gesetze universal wiedergibt, zu finden, prototypisch zu sein für die großen Hoffnungen, die man an die naturwissenschaftliche Methode knüpft. Das ist aber nicht so geblieben. Eher verknüpft man heute gerade mit Physik die Anerkenntnis von Grenzen. Nach sensationellen Durchbrüchen in der physikalischen Forschung in den ersten Jahrzehnten unseres Jahrhunderts kam man auf einmal nicht mehr so recht weiter. Mit Siebenmeilenstiefeln war man an den Rand des Erkennbaren vorgedrungen und musste überrascht feststellen, dass Materie, deren Gesetze man fast im Griff zu haben schien, mehr und mehr in den Händen zerrann: Materie nicht der überschaubare, zuverlässig angehbare Urgrund aller Naturabläufe; Materie vielmehr eine Vielfalt abstrakter Schwingungsvorgänge, nicht eines Urstoffes, sondern mathematisch definierter Felder.

Trotz vieler weiterer Fortschritte und trotz der folgenreichen technischen Anwendungsmöglichkeiten für Nuklearenergie hat sich bis heute an der Situation der theoretischen Atomphysik nichts grundsätzlich geändert. Wir sahen im ersten Kapitel, wie es neue Anläufe bei der Suche nach einer Weltformel gegeben hat (Hawking, Weinberg) und wie die Superstringtheorie neue Einsichten in das Verhältnis von Raum, Zeit und Materie hervorgebracht hat. Die großen Fragen sind aber geblieben. Schon der Begriff „Weltformel" ist irreführend, weil es dabei um die Struktur von Kräften und Teilchen, nicht aber um die Naturgeschichte geht.

3. Erklärungsmodelle für Leben

Inzwischen ist die Frage nach den Grundlagen von Naturerkenntnis an anderer Stelle in Angriff genommen worden und beherrscht die gegenwärtige Diskussion: Es geht um die Frage nach dem Lebendigen im Rahmen der biologischen Wissenschaft. Hier kann man einen Fortschrittsoptimismus beobachten, der einhergeht mit den phantastischen und zugleich makabren Möglichkeiten der sogenannten Gentechnik. Ein neues Denkprinzip gewinnt seit einigen Jahrzehnten stetig an Bedeutung. Der amerikanische Mathematiker Norbert Wiener, der es zum ersten Mal auf den Begriff brachte, nannte es Kybernetik, Lehre vom technisch-biologischen kybernétes, dem Steuermann. Heute spricht man meistens von Systemtheorie, von der Betrachtung komplexer, verzweigter, vernetzter Systeme.

Das kybernetische Prinzip ruht, grob gesprochen, auf zwei Pfeilern: Nachrichtenverarbeitung und Rückkoppelung, und zwar immer in der Parallelität biologischer und technischer Systeme.

Die klassische Maschine wird vom Menschen konstruiert, gesteuert, verändert, kontrolliert. Die kybernetische Maschine übernimmt selbst einen Teil oder das Ganze ihrer Steuerung, kontrolliert ihre Ergebnisse und trägt veränderten Bedingungen Rechnung. Im Allgemeinen geschieht das in abgestecktem Rahmen: Der Roboter führt nur das an Steuerung aus, was der Mensch, der Konstrukteur sozusagen, vorgedacht, vorhergesehen hat. Aber die kybernetische Maschine beschränkt sich nicht immer auf Reproduktion vorgegebener Programmierung. Es werden heute immer mehr Systeme sogenannter künstlicher Intelligenz entworfen: datenverarbeitende Maschinen, die lernen können, die spontane Einfälle haben und so manches von dem leisten, was man früher als Ausdruck menschlichen Geistes betrachtet hat, der Naturwissenschaft unzugänglich.

Überträgt man einerseits Steuervorgänge vom lebenden Organismus auf Maschinen, so dient das Denkmodell der Systemtheorie oder Kybernetik andererseits dazu, im lebenden Organismus selbst Nachrichtenverarbeitungs- und Steuersysteme zu verstehen, naturgesetzlich zu erfassen. Und es erscheint nicht mehr ausgeschlossen, dass demnächst die synthetische Herstellung lebender Organismen im Labor gelingt.

Naturgesetz ist im kybernetischen Prinzip nicht nur ein Zusammenhang zwischen einer Ursache und einer Wirkung. Vielmehr betrachtet man Ketten von Ursache-Wirkung, Wirkung als Ursache einer weiteren Wirkung usw., wobei sofort oder nach endlich vielen Schritten eine Wirkung auf ihre eigene Ursache zurückwirken kann, in einer Schleife sozusagen. Diese Rückwirkung oder Rückkoppelung ist Grundlage jeder Steuerung bei Maschinen oder in Organismen. Auch in ökologischen Systemen treten derartige Schleifen auf; ja sie sind auf wissenschaftlicher Ebene die Grundlage für Ökologie überhaupt, für die Einsicht in Zusammenhänge, die man vor etlichen Jahren schlicht nicht kannte.

Ökologische Systeme bestehend aus Pflanzen und niedrigen Lebewesen zeichnen sich hierbei dadurch aus, dass die Ursache-Wirkung-Ketten und Schleifen ohne ausgelagerte Nachrichtenverarbeitung arbeiten, enthalten also selbst Steuervorgänge. Im Unterschied dazu finden wir in Verhaltenssystemen höherer Lebewesen eine verselbstständigte Nachrichtenverarbeitung: Man denke an jenen Versuch mit einem Affen im Käfig, an dessen Decke eine Banane hängt, die dem Affen auch durch Springen nicht zugänglich ist. In der Ecke des Käfigs steht eine Kiste. Der Affe setzt sich zunächst resigniert in eine Ecke des Käfigs, schaut aber plötzlich mehrfach zwischen Banane und Kiste hin und her, zieht dann die Kiste in die Käfigmitte, steigt darauf und holt sich die Banane herunter. Vor dem Handlungsablauf hat also der Affe sozusagen in einem inneren Modell der Außenwelt die möglichen Handlungen „durchgespielt", oder, wie man in der Computersprache sagt, „simuliert". Diese Form des Denkens ist demnach nicht allein Privileg des Menschen; es findet sich auch in der Tierwelt und ist eine hochentwickelte Nachrichtenverarbeitung, dem zweiten Prinzip der Kybernetik oder der Systemtheorie neben der Rückkopplung.

Auch Gene sind Nachrichtenträger, die den Aufbau und die Erhaltung eines Organismus steuern. Sie benutzen sogar das Prinzip unserer Schrift, aufgebaut in einem Vierbuchstabenalphabet. Veränderungen im Schriftsatz der Gene, wie sie die Gentechnik betreibt, haben Folgen für den Bau und das Verhalten von Lebewesen, möglicherweise katastrophale, wenn sich etwa neuartige Bakterien ausbreiten, gegen die es keine natürlich gewachsene Abwehr gibt.

Das kybernetische Denkmodell hat sich auch für die Beschreibung der biologischen Evolution, der Entwicklung von niederen Lebewesen zu höheren, als fruchtbar erwiesen. Die Entstehung höher organisierter, komplexer Systeme aus weniger komplexen ist Teil der kybernetisch-systemtheoretischen Vorstellung. Im Zusammenspiel von Zufall und kausalem Ablauf wird eine Art Selbstorganisation im beschreibbaren System erklärbar.

Insgesamt gesehen liefert das kybernetische Modell ein Erklärungsprinzip für das biologische Phänomen Leben allgemein wie für die Arbeitsweise des menschlichen Gehirns im Besonderen. Kybernetische Maschine und Lebewesen oder Lebenszusammenhänge in der Natur werden also mit derselben Methode erfasst, im Fall der Natur als Erklärungsprinzip, im Fall der Technik als Konstruktionsmethode.

4. Der kosmische und der kritische Weg

Was für uns nun besondere Aufmerksamkeit erweckt, sind neuere Bemühungen einer Anzahl von Wissenschaftlern, das neue Denkprinzip zu einer Überwindung des Weltverständnisses, wie es sich seit Descartes etabliert hat, hochzustilisieren und ein neues Weltbild zu verkünden. Als Beispiel seien Werke erwähnt wie das Buch von Erich Jantsch, „Die Selbstorganisation des Universums" (1980), „Wendezeit. Bausteine für ein neues Weltbild" von Fritjof Capra (1981), beide aus dem Englischen ins Deutsche übersetzt. Ähnliche Bemühungen kennen wir von Rupert Riedl in Wien („Strategie der Genesis") oder Carsten Bresch in Freiburg und anderen.

Capra, selbst Physiker, knüpft an die Situation der Physik an und sagt: Dass man Subjekt und Objekt in der Quantenphysik nicht voneinander trennen kann, ist Hinweis darauf, dass Materie und Bewusstsein in einem unlösbaren Zusammenhang stehen. Die Zerstückelung der Natur in kleinste Bausteine, die man sich dann durch Gesetze wieder zusammengefügt denkt, ist nicht möglich. Man muss von vornherein von einem Ganzen ausgehen, einem kosmischen Bewusstsein, aus dem heraus der einzelne Vorgang verständlich wird. Alles hängt im Grunde mit allem zusammen, und die Komplexität, die in systemtheoretischen Modellen zugrunde gelegt wird, weist ebenfalls auf das Universalprinzip des Ganzen hin.

Besonders wird auf die Konsequenzen dieses Denkens für die Medizin hingewiesen: Der Patient wird als Ganzheit gesehen und nicht von den Symptomen her behandelt oder als technisch-medizinischer Reparaturbetrieb betrachtet. Körper und Geist sind im universalen Materie-Bewusstsein-Verhältnis miteinander verbunden. Auch die Harmonie zwischen Mensch und Natur und die Lösung ökologischer Probleme werden in den allgemeinen Zusammenhang gestellt.

So könnte man fragen: Wird mit der hier vorgestellten Anschauungsweise nicht endgültig das mechanistische Weltbild überwunden? Lösen wir uns nicht endlich aus dem Zwang, alles deterministisch in Naturgesetze pressen zu wollen? Und ist nicht damit eine neue Möglichkeit geschaffen, die Natur zugleich als Ausdruck göttlichen Geistes und als Gegenstand der Wissenschaft zu begreifen?

In der Tat befinden wir uns noch im Prozess einer Ablösung vom deterministischen, laplaceschen Weltbild, und die Grundlagenprobleme der Physik wie das kybernetische Modell leisten uns hierbei einen wichtigen Dienst.

Insbesondere ist das technisierte Denken bei der Behandlung von Kankheiten derartig gewuchert, dass es noch großer Anstrengungen bedarf, Krankheit wieder in den Gesamtkontext des kranken Menschen und seiner Umgebung zu stellen. Ein neues Nachdenken über den Wahrheitsgehalt naturwissenschaftlicher Aussagen ist vonnöten, und man kann fragen, wo uns Physik und Biologie von der Einheit alles Lebendigen weggeführt haben.

Nur: Wie geschieht diese Erneuerung? Es bieten sich zwei Wege an: Der erste wird von Jantsch und Capra beschritten und sucht nach einer erweiterten, umgestalteten Wissenschaft, die in der Lage ist, Lebendiges universal, auch in seiner Ganzheit zu beschreiben. Der andere Weg – und den möchte ich gehen – stellt konsequenter als bisher die Leistungsfähigkeit naturwissenschaftlicher Aussagen in Frage. Nennen wir den ersten kurz den kosmischen Weg, den zweiten den kritischen.

Der kosmische Weg, so meine ich, führt zwar vom materialistischen oder mechanistischen Weltbild weg. Er hat aber mit ihm gemeinsam, dass er eine wissenschaftliche Erklärung aller Lebensabläufe und sozialen Prozesse versucht. Er arbeitet der verbreiteten Wissenschaftsgläubigkeit zu, bietet ihr neue Argumente, wie man die Geschichte des Kosmos in den Griff bekommen kann. Konkret wird das in einer evolutionistischen Beschreibung der Weltzukunft, sogar mit religiöser Interpretation. Gott kommt darin vor, aber, wie Jantsch sagt: „Gott ist nicht der Schöpfer, sondern der Geist des Universums."[1] Und Capra fügt hinzu: „Gott ist die Selbstorganisationsdynamik des ganzen Kosmos"[2], also Gott das überhöhte kybernetische Prinzip.

1 Jantsch (1992), 412.
2 Capra (1983), 324.

Zwar bindet das kosmische Weltbild den Menschen nicht in eine mechanische Determiniertheit, die das Schicksal jedes Menschen und der Menschheit bis ins letzte Detail gesetzlich vorherbestimmt. Aber es macht dennoch den Menschen zum Teil eines kosmischen Prozesses, dem er schicksalhaft ausgeliefert ist, auch wenn ihm relative, statistische Freiheit gewährt ist.[3]

In dem Buch des US-Amerikaners Capra fällt auf, dass er Teilhard de Chardin nicht erwähnt.[4] Möglicherweise kennt er ihn gar nicht. Der jesuitische Theologe und Naturforscher (Paläontologe) hat schon vor Jahrzehnten biologische, kulturelle und kosmische Evolution in einem Vorgang der universalen Geistwerdung ausgedrückt und Christus als Inbegriff des Punktes Omega, auf den alles hinläuft, dargestellt. Riedl, Bresch und viele Theologen – katholische wie evangelische – sind bis heute von diesem Denken geprägt.

Der kritische Weg stimmt insofern mit dem kosmischen überein, als er ebenfalls das rational-kausale Weltbild überwinden möchte. Aber wir sollten uns nichts vormachen: Naturwissenschaft bleibt Naturwissenschaft, und das heißt: Sie zergliedert, sie zerstört Lebenszusammenhänge, indem sie diese für ihr analytisches Mikroskop zurechtschneidet. Man kann mit vielen Worten über die Rückgewinnung von Ganzheit sprechen. Ganzheit bleibt dabei aber – wissenschaftlich gesehen – ein Begriff, der auf schon gedachte Aufstückelung, Zerteilung bezogen ist. Kybernetische Regelkreise sind ihrerseits aus kausalen Bauelementen zusammengesetzt. Sie umfassen nur größere Zusammenhänge als etwa das Fallgesetz, das die Strecke angibt, die ein fallender Stein pro Zeiteinheit zurück-

3 Vgl. hierzu das Buch von Mutschler (1990)
4 Eine gute, allgemein verständliche Einführung in das Denken von Pierre Teilhard de Chardin bietet: Schmitz-Moormann (1996).

legt. Wenn man einen kleinen Ausschnitt eines Bildes unter der Lupe betrachtet, sieht man vielleicht nur Farbkleckse oder unzusammenhängende Striche. Man braucht einen genügend großen Ausschnitt, um qualitativ mehr, nämlich eine Gestalt, zu erkennen. So findet man etwa durch Darstellung ökologischer Netze und Schleifen Bildausschnitte aus der Natur, die bei einer Detailbetrachtung verborgen bleiben. Aber das geschieht im Rahmen bisheriger Naturwissenschaft, die ihre Möglichkeiten nur besser ausschöpft. Man braucht hierzu kein neues Weltbild.

Dass wir im Zusammenhang mit der Heisenbergschen Unschärferelation oder der Analyse der milliardenfachen Signalverarbeitung im menschlichen Gehirn oder im biologischen Evolutionsprozess ein göttliches oder universales Bewusstsein in den Griff bekommen, scheint mir, naturwissenschaftlich betrachtet, abwegig zu sein. Ich kann allenfalls an den Grenzen, auf die ich stoße, bildhaft über naturwissenschaftlich erfasste Tatbestände hinausweisen und Überzeugung oder religiöse Erfahrung artikulieren.

Strenggenommen enthält jedes Naturgesetz, auch jedes klassische, schon seine eigene Grenze. Man hat das nur im Fortschrittsoptimismus vergangener Jahrhunderte überspielt oder verdrängt. Ein Naturgesetz ist immer nur eine Wenn-dann-Beziehung: Wenn ich einen Stein in der Nähe der Erdoberfläche habe und ihn dann fallen lasse, bewegt er sich nach dem Fallgesetz. Auch das ist wiederum nicht bewiesen, sondern beruht auf einer Theorie, die durch viele Experimente bestätigt ist.

Wirklichkeit ist mehr als das wissenschaftlich Erfassbare. Die Erfolge der alten oder einer neuen Naturwissenschaft mögen noch so sensationell sein: Letzte Wahrheit über die Natur erfahren wir durch sie nicht. Dies ist nicht so, weil unsere Wissenschaft noch nicht weit genug gediehen ist. Vielmehr ist das die Begrenzung von Wissenschaft überhaupt. Ich wundere mich manchmal, was evolutionistische Weltbilder an Wissen offenbaren möchten. Woher weiß man das alles?

Verfolgen wir den kritischen und den kosmischen Weg nun weiter im Hinblick auf die Gottesfrage. Ich habe nichts dagegen, wenn man angesichts der Unfassbarkeit Gottes sagt: Gott ist die Selbstorganisationsdynamik des gesamten Kosmos, so wie man sagt: Gott ist unsere Burg, in die wir flüchten können, oder: Gott ist der Vater oder die Mutter. Aber Gott als mystifiziertes Weltprinzip ist mir vom christlichen Glauben her fremd.

Christlicher Glaube gründet im biblischen Denken, das in all seiner Vielfalt von Anfang an das Verhältnis vom Schöpfer zur geschaffenen Natur klar stellt. Und das geschieht in Konfrontation mit babylonischer Astrologie, jedenfalls was das erste Kapitel des Buches Genesis angeht. Der Bericht von der Sieben-Tage-Schöpfung ist zur Zeit der Babylonischen Gefangenschaft entstanden.

Für die Babylonier war das Schicksal der Welt von den Mächten der Gestirne geprägt, feststellbar, berechenbar im Horoskop. Sonne und Mond waren Himmelsgötter, man huldigte einer Astralreligion. Und dann kommen die Hebräer und setzen sich mit den Astralmythen der Babylonier auseinander. Sie kommen zu einer Erkenntnis, die in Gen 1,14–18 niedergelegt ist. Diese Verse gehören, wie ich meine, zu den aufregendsten in der ganzen Bibel. Es wird dort gesagt: Gott schuf Sonne und Mond zum Zweck der Zeiteinteilung und als Laternen, als Lampen, die dort oben hängen. Ihre Herrschaft besteht darin, dass die Sonne für den Tag zuständig ist und der Mond für die Nacht, aber nur, was das Leuchten angeht.

Hinter diesen Versen verbirgt sich viel: Einerseits wird mit ihnen eine Grundlage für wissenschaftliches Denken gelegt, andererseits heben sie biblischen Gottesglauben von babylonischem Götter- und Schicksalsglauben ab. Nach Aussage von Alttestamentlern stellen sie das erste nachweisbare Dokument der Weltliteratur dar, in dem naturkundlich-technisch über Sonne und Mond geredet wird, wie sich überhaupt Gen 1 durch sachliche Beschreibung der Weltentstehung auszeichnet. Hierin liegt eine Befreiung des Denkens zur naturwissenschaftlichen Weltbetrachtung, die eigentlich erst bei Galilei wieder voll zum Tragen gekommen ist.

Mit dieser Befreiung hängt aber gerade die Loslösung von einer deterministischen Naturgesetzlichkeit zusammen. Der Gott Abrahams, Isaaks und Jakobs lässt sich nicht in Berechnungen einfangen. Die oben genannten Verse aus Gen 1 enthalten einen kühlen Spott auf den Sonnen- und Mondkult, sie provozieren in einer für die damalige Zeit unglaublichen Weise den Götterglauben der Babylonier.

Gott ist der souveräne Schöpfer des Kosmos und der Natur und nicht religiös überhöhter Inbegriff eines Naturschicksals oder einer kosmischen Gesetzlichkeit.

5. Bibel oder Babylon

Mit christlichem Glauben können wir von den Quellen her die Befreiung zur Naturwissenschaft verbinden. Wird aber Naturwissenschaft zu einer universalen Welterklärung, dann lassen wir sozusagen durch die Hintertür den babylonischen Schicksalsglauben wieder herein. Gott als Inbegriff der kosmischen Evolution zu denken reicht dicht an die Astralreligion der Babylonier heran. Kritische Weltbetrachtung verweist die Gesetzlichkeit der Natur in ihre Grenzen. Ein kosmisches Weltbild versucht diese Gesetzlichkeit – unter Einbeziehung statistischer

Gesetze – zu überhöhen und zu einer Welterklärung zu steigern. Theologisch heißt die Alternative, vereinfacht und überspitzt ausgedrückt: Bibel oder Babylon, biblischer Schöpfungsglaube oder babylonische Schicksalslehre.

Ein mögliches Missverständnis will ich aber hier abwehren: Wenn ich christlichen Glauben gegen ein evolutionistisches Weltbild stelle, dann bedeutet das nicht, dass ich die biologische Evolutionstheorie ablehne. Es scheint mir außerordentlich wichtig, beides nicht durcheinanderzuwerfen. Als Vergleich mag das Verhältnis von Physik und mechanistischem Weltbild dienen. Es schien für längere Zeit so, als wäre die Physik Stütze eines Weltverständnisses, nach dem alles in der Natur wie in einer Maschine abläuft. Mit der Überwindung dieses Weltbildes lehnen wir aber keineswegs die Physik ab. Man hatte die Möglichkeiten der Physik nur nicht kritisch eingegrenzt und hatte einen Wildwuchs in Weltbildern hingenommen. Entsprechend sollten wir uns gegenwärtig vor einem Wildwuchs evolutionistischer Zukunftsmodelle hüten und die Evolutionstheorie in ihrem biologisch-wissenschaftlichen Rahmen belassen, wo sie hingehört.

Ich weiß, dass für manche, die die Bibel verbalistisch deuten, auch die biologische Evolutionstheorie selbst Schwierigkeiten bereitet, insbesondere unter dem Einfluss des von den USA herkommenden sogenannten Kreationismus. Ihnen sei Folgendes zu bedenken gegeben: Zum einen gibt es verbalistische Deutungen der Bibel, die sehr wohl die biologische Evolution akzeptieren. Man denke etwa an das Buch von Karel Claeys, „Die Bibel bestätigt das Weltbild der Naturwissenschaft", das mit Akribie entsprechend die Bibel auslegt. Zum anderen besteht die Gefahr, dass mit dem kreationistischen Ansatz wieder ein System geschaffen wird, in dem alles erklärbar wird. Der Kreationismus ist als Teil des US-amerikanischen Fundamentalismus meist auch mit einer Form von Eschatologie verbunden, in der die Zukunft nach einem festen Plan abläuft, einem Plan Gottes, den wir aufgefordert sind herauszufinden. Es geschah auch immer wieder, dass man das Datum der Wiederkunft Christi auf den Tag genau vorausberechnet hat. Dies ist babylonisches Denken, nicht biblisches.

Auch nach einer anderen Seite hin sei eine Bemerkung angefügt: Das tiefsinnige Werk von Pierre Teilhard de Chardin kann man nicht auf einen einfachen Nenner bringen und zum christlich-biblischen Glauben schlechthin in Widerspruch stellen. Es ist hier nicht der Ort, dieses Werk zu würdigen. Heilsgeschichte ist für Teilhard nicht eine Verlängerung der biologischen Evolution, und sein evolutionäres Bild der künftigen Weltentwicklung will nicht schicksalhaft-deterministisch sein. Der Eintritt in die „Noosphäre", in die Sphäre des Geistes, ist bei ihm ausdrücklich mit dem Eintritt in die Sphäre der Freiheit verbunden. Auch hat Teilhard ein neues Element der Hoffnung in die christliche Theologie eingeführt und Schöpfung nicht in erster Linie als Ort des Bösen verstanden, sondern als einen sich auf Gott hin entfaltenden Organismus. Dem Schicksal des Einzelnen, auch dessen Leiden, gibt er darin einen neuen Sinn als Teilhabe an einem großen Werden.

Aber man muss sich auch vor Augen halten, wie Teilhards Fortschrittsoptimismus und seine Begeisterung für die Geistwerdung im Ganzen zu gefährlichen Konsequenzen führen. So hat er sich während des Ersten Weltkrieges in seinen Kriegsbriefen zum Krieg als ehrenvollem Beitrag zur natürlichen Evolution bekannt und gesagt, als Mitglied der kämpfenden Truppe mit der Handgranate oder dem Maschinengewehr in der Hand wäre er „mehr Priester" als im Sanitätsdienst, zu dem er als Priester verpflichtet war. Und der Abwurf der ersten Atombombe über Hiroshima hat ihn mit enthusiastischer Bewunderung über dieses Ergebnis wissenschaftlich-technischen Fortschritts erfüllt. Das sind nicht gelegentliche Ausrutscher seines Denkens, zumal zwischen solchen Äußerungen Jahrzehnte liegen. Teilhard stellt den kosmischen Christus und den beschreibbaren Prozess der Evolution über die Unmittelbarkeit und Einmaligkeit jeder Gott-Mensch-Beziehung. Zwar ist die einseitige Individualisierung und Spiritualisierung des Evangeliums ebenso von Übel, und wir haben noch viel zu tun, diese zu überwinden. Aber es ist nicht gut, in das gegenteilige Extrem zu verfallen.

Gerade im Zeitalter der Gentechnik und der immer noch bestehenden Bedrohung durch Massenvernichtungswaffen lernen wir es, nicht jeden Fortschritt zu sanktionieren. Die neue Sensibilität, die wir angesichts der ökologischen Gefahren für die Einbindung des Menschen in die Natur gewinnen, wird zwar durch neue gedankliche Prinzipien wie Regelkreis und Netzwerk unterstützt. Aber wir brauchen kein neues Weltbild für die notwendige Erneuerung. Auf dem kritischen Weg sehen wir die umfassende Wirklichkeit, in der wir leben, nur in kleinen Teilen von der Naturwissenschaft her verstehbar und halten über die Grenzen der Wissenschaft hinaus Ausschau nach dem, was ihre Bedeutung ist. Das Geheimnis der Bedeutung kann nicht systematisch entschlüsselt werden, und in dieser Feststellung sehe ich nicht Resignation, sondern Faszination von der Fülle des Unvorhersehbaren, des Neuen, das uns erwartet.

Im christlichen Glauben ist die Orientierung personalisiert. Wenn wir von der Suche nach Wahrheit sprechen, so meinen wir die Suche nach Christus, der von sich gesagt hat: Ich bin die Wahrheit. Und er hat hinzugefügt:

Ich bin das Leben. Man kann es sich natürlich einfach machen und sagen: Hier ist nicht von naturwissenschaftlicher Wahrheit und biologischem Leben die Rede, sondern von innerer Wahrheit und innerem Leben. Aber so einfach ist das nicht.

Wir sind, biblisch gesehen, als Geschöpfe und als Gegenüber Gottes durchaus kosmische Wesen, und Quantenphysik oder Biokybernetik mögen uns etwas ahnen lassen vom „geistigen", „lebendigen" Hintergrund der vordergründig erkannten Natur. Aber wir können den Hintergrund nicht wissenschaftlich erfassen. Vor allem: Er beinhaltet keine abstrakte Schicksalsmacht.

Die Zusage, die uns von Christus her gegeben ist, konkretisiert sich in der Überwindung des Todes als scheinbar letzter Schicksalsmacht jedes einzelnen Menschen. „Er hat dem Tod die Macht genommen", heißt es. Die Auferstehung Jesu ist in der Tat ein kosmisches Ereignis. Aber wir können darauf verzichten, es mit naturwissenschaftlichen Kategorien zu erklären. Der biologische Tod ist nicht unser letztes Schicksal.

Umgekehrt gesehen: Gerade weil Auferstehung zu unserem konkreten Leben, zu unserer Leiblichkeit und zu unserem sozialen Sein Beziehung hat, spielt sich unser Leben mit Gott in der Schöpfung ab und sind Friede mit Gott, mit der Natur, mit den Menschen und mit uns selbst nicht nur spirituelle Kategorien. Sie beziehen sich auf unseren Umgang mit der Natur und mit unseren Mitmenschen im gesellschaftlichen Leben.

Literaturverzeichnis

Blackmore, S.: Dying to Live. Near-Death Experiences. Buffalo: Prometheus Books 1993.

Breuer, R.: Das anthropische Prinzip. Der Mensch im Fadenkreuz der Naturgesetze. Frankfurt am Main usw.: Ullstein 1984.

Capra, F.: Wendezeit. Bausteine für ein neues Weltbild. Bern usw.: Scherz 1986.

Cooper, Sh., Ring, K.: Near-Death and Out-of-Body Experiences in the Blind. A Study of Apparent Eyeless Vision, in: Journal of Near-Death Studies 16, Human Sciences Press 1997.

Dietzfelbinger, H., Mohaupt, L. (Hg.): Gott – Geist – Materie, Theologie und Naturwissenschaft im Gespräch. Hamburg: Lutherisches Verlagshaus 1980.

Ditfurth, H. von: Wir sind nicht nur von dieser Welt, Naturwissenschaft, Religion und die Zukunft des Menschen. München: Deutscher Taschenbuch-Verlag 1994.

Eccles, C.: Wie das Selbst sein Gehirn steuert. München: Piper 1996.

Eibach, U.: Experimentierfeld: Werdendes Leben. Eine ethische Orientierung. Göttingen 1981.

Ewald, G.: Die Physik und das Jenseits. Spurensuche zwischen Philosophie und Naturwissenschaft. Augsburg: Pattloch 1998.

Ewald, G.: „Ich war tot". Ein Naturwissenschaftler untersucht Nahtod-Erfahrungen. Augsburg: Pattloch 1999.

Freud, S.: Neue Folge der Vorlesungen zur Einführung in die Psychoanalyse. XXX. Traum und Okkultismus. Frankfurt/Main: Fischer 1991, 34-59.

Gräb, W. (Hg.): Urknall oder Schöpfung? Zum Dialog von Naturwissenschaft und Theologie. Gütersloh: Chr. Kaiser 1995.

Högl, St.: Leben nach dem Tod? Menschen berichten von ihren Nahtod-Erfahrungen. Rastatt: Moewig 1999.

Jantsch, E.: Die Selbstorganisation des Universums. Vom Urknall zum menschlichen Geist. München: Hanser 1992.

Knoblauch, H.: Berichte aus dem Jenseits. Mythos und Realität der Nahtod-Erfahrung. Freiburg: Herder/Spektrum 1999.

Kübler-Ross, E.: Über den Tod und das Leben danach. Neuwied: Verlag „Die Silberschnur" 1994.

Metzinger, Th. (Hg.): Bewusstsein. Beiträge aus der Gegenwartsphilosophie. Paderborn usw.: Schöningh 1996.

Moltmann, J.: Das Kommen Gottes. Christliche Eschatologie. Gütersloh: Gütersloher Verlagshaus 1995.

Moody, R. A.: Leben nach dem Tod. Die Erforschung einer unerklärten Erfahrung. Augsburg: Weltbild 1998.

Mutschler, H.-D.: Physik, Religion, New Age. Würzburg: Echter 1990.

Pannenberg, W.: Systematische Theologie, Bd. II. Göttingen: Vandenhoeck u. Ruprecht 1991.

Pannenberg, W.: Gott regiert das Universum, in: Rheinischer Merkur 28 (1994), 25.

Penrose, R.: Schatten des Geistes. Wege zu einer neuen Physik des Bewusstseins. Heidelberg usw. Spektrum Akademischer Verlag 1995.

Popper, K. R., Eccles, J. C.: Das Ich und sein Gehirn. München: Piper 1996.

Riedl, R.: Die Strategie der Genesis. Naturgeschichte der realen Welt. München: Piper 1986.

Schmitz-Moormann, K.: Teilhard de Chardin. Evolution – die Schöpfung Gottes. Mainz: Matthias-Grünewald 1996.

Schmitz-Moormann, K.: Materie – Leben – Geist. Evolution als Schöpfung Gottes. Mainz: Matthias -Grünewald 1997.

Schröter-Kunhardt, M.: A Review of Near-Death Experiences. Journal of Scientific Exploration, Vol. 7, 1993, 219-239.

Sheldrake, R.: Das Gedächtnis der Natur. Das Geheimnis der Entstehung der Formen in der Natur. Bern usw.: Scherz 1990.

Sinclair, U.: Radar der Psyche. Das PSI-Geschehen der Gedankenübertragung und der Gedankenbeeinflussung. Bern usw.: Scherz 1973.

Tipler, F. J.: Die Physik der Unsterblichkeit. Moderne Kosmologie, Gott und die Auferstehung der Toten. München: Piper 1994.

Tomatis, A. A.: Der Klang des Lebens. Vorgeburtliche Kommunikation – die Anfänge der seelischen Entwicklung. Reinbek bei Hamburg: Rowohlt-Verlag 1987.

Zaleski, C.: Nah-Todeserlebnisse und Jenseitsvisionen vom Mittelalter bis zur Gegenwart. Frankfurt am Main usw.: Insel 1993.

Zink, J.: Auferstehung. Und am Ende ein Gehen ins Licht. Stuttgart: Kreuz 1999.

Gibt es ein Leben nach dem Tod?

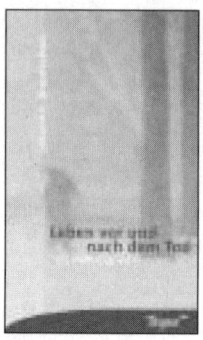

Johannes B. Brantschen
Leben vor und nach dem Tod
Die Hoffnung der Christen
Topos plus, Band 326
2000. 120 Seiten. Kart.
ISBN 3-7867-8326-8

Der christliche Glaube an ein „Jenseits" ist alles andere als ein unglaubwürdiges Märchen. Johannes Brantschen verwandelt in seinem Buch alte Vorstellungen wieder in eine befreiende und überzeugende Botschaft der Hoffnung für das Heute.

Erschienen im:
Matthias-Grünewald-Verlag, Mainz